Texte **. Medien**

Doris Meißner-Johannknecht

Konkurrenz
für 007

Schroedel
westermann

Texte ● Medien

„Konkurrenz für 007" von Doris Meißner-Johannknecht

Herausgegeben von Ingrid Hintz

Materialteil erarbeitet von Simone Depner

Das Texte ● Medien -Programm zu „Konkurrenz für 007":
978-3-507-47078-1 Textausgabe mit Materialien
978-3-507-47378-2 Lesetagebuch
978-3-507-47278-5 Informationen für Lehrerinnen und Lehrer
Informationen und Materialien im Internet: **www.schroedel.de/textemedien**

westermann GRUPPE

© 2009 Bildungshaus Schulbuchverlage
Westermann Schroedel Diesterweg Schöningh Winklers GmbH,
Georg-Westermann-Allee 66, 38104 Braunschweig
www.westermann.de

Druck A^7 / Jahr 2022
Alle Drucke der Serie A sind im Unterricht parallel verwendbar.

Redaktion: Birgitt Brüschke, Vellmar
Herstellung: Andreas Losse
Illustrationen: Pe Grigo, Bielefeld
Umschlaggestaltung und Layout: JanssenKahlert Design, Hannover
Satz: DTP Heimservice Gundolf Porr, Germersheim
Druck und Bindung: Westermann Druck Zwickau GmbH,
Crimmitschauer Straße 43, 08058 Zwickau

ISBN 978-3-507-**47078**-1

INHALT

Doris Meißner-Johannknecht

Konkurrenz für 007

Materialien

Zu diesem Buch

Dieses Buch erzählt die Geschichte von Max, der sich in seine neue Mitschülerin Leonie verliebt. Sie hat lange dunkle Haare, viele süße Sommersprossen und ein Schneewittchengesicht. Für Max ist Leonie das netteste und schönste Mädchen, das er kennt. Aber warum darf er sie nicht zu Hause besuchen? Was ist das für eine Villa, in der sie nach der Schule verschwindet? Und wer ist der Mann, der ihr immer auflauert? Max wird zum Detektiv ...

Es gibt viele Jugendliche, die gern Bücher lesen. Das ist erfreulich, denn wer liest, nimmt teil an den Lebensgeschichten, Erlebnissen, Problemen, Gedanken und Gefühlen der Buchfiguren. Deshalb sagt man: Wer liest, lebt doppelt.

Die Bücher der Reihe Texte.Medien wollen zum Lesen motivieren – im Unterricht in der Schule, aber auch zu Hause in der Freizeit. Sie wollen die Freude am Lesen steigern und „Lust auf mehr Bücher" machen.

Zu jedem Buch gibt es ein Lesetagebuch, das dabei helfen soll, sich selbstständig – individuell und gemeinsam mit anderen, die ebenfalls dieses Buch lesen – mit dem Inhalt und den Personen auseinanderzusetzen.

Viel Freude beim Lesen des Buches!

Für Stefanie

Donnerstag, 19. September, 17.34 Uhr, Uhlandstraße 12, Dachgeschoss, im Zimmer von Leonie Schubert

Sie hat mir den Sommer gerettet.
Leonie. Leonie Schubert.

Ich sitze in ihrem Zimmer und warte auf sie.
Mein Herz klappert wie eine alte Schreibmaschine, un-
regelmäßig und laut.
Habe feuchte Hände und so ein zittriges Gefühl.

„Bitte frag nicht!", hat sie damals gesagt.
Nein, ich werde nicht mehr fragen.
Ich weiß Bescheid.

Ich höre den Schlüssel in der Wohnungstür.
Und ich beginne zu zählen.
Die Klinke bewegt sich.
Jetzt ist sie da ...

Sie kommt ins Zimmer. Ihr Gesicht ist leicht gerötet.
Nicht so schneewittchenweiß wie sonst.
Sie lächelt mich an mit diesen schwarzb   Augen.
Und wie immer bei diesem Blick setzt in   · ei-
nen Moment aus.
„Schön, dass du da bist!", sagt sie.
Sie lässt ihren Rucksack auf den Boden fallen, dann grins.
sie mich an: „Du weißt jetzt alles, oder?"

Ich nicke. Und werde mal wieder stumm wie ein Fisch. Aber das darf ich heute nicht zulassen. Ich hab ihr schließlich eine Menge zu erzählen. Meine Geschichte. Die Geschichte von Maximilian Mühlemeier, der nahe dran war, ein zweiter James Bond zu werden ...

Ich hole tief Luft.

Damit ich den stummen Fisch vertreibe.

Und ihr alles erzähle.

James Bond
bekannte
Roman- und
Filmfigur
(siehe Seite 123)

5

Samstag, 29. Juni, 21.54 Uhr, auf meinem neuen Sofa, lilaschwarz gestreift, stimmungsmäßig im untersten Parkdeck der tiefsten Tiefgarage

Die letzten Tage waren die Hölle.

Am liebsten hätte ich mich unsichtbar gemacht, wäre im Erdboden verschwunden oder hätte mich mit einer Rakete ins Weltall schießen lassen ... aber das gibt's nur in Büchern. Und in Computerspielen. Das funktioniert nicht einfach so, nur weil man es sich wünscht.

Ich sitze in meinem Zimmer, Fasanenweg 14, in einer Scheibe Reihenhaus, und das verdammte Leben geht einfach weiter.

Geht einfach weiter. Ohne Tim.

Aber wie soll das gehen?

Es muss gehen.

Bloß keine Ahnung, wie. Mir ist zum Heulen. Aber ich heule nicht. Was hätte ich davon? Bloß rote Augen.

Tim ist mein Freund. Mein einziger Freund. Und jetzt ist er weg. So weit weg, dass die Post eine Ewigkeit braucht. Wenn nicht sogar länger. Und wenn sie überhaupt jemals ankommt.

Seit einer Woche ist Tim in Australien. Weggezogen. Umgezogen. Eingezogen in ein einsames Farmhaus. Irgendwo am Ende der Welt. So weit am Ende, dass es dort keine Schule gibt. Ja, das gibt's wirklich. Das ist kein Märchen.

Tims Lehrerin sitzt unsichtbar in einer Funkzentrale

und gibt ihm seine Aufgaben über den Lautsprecher.
Und Tim sitzt ganz gemütlich mit seinen Kopfhörern
auf der offenen Veranda seines Farmhauses und macht
seine Übungen. Bei dreißig Grad im Schatten. Traumhaft. Ganz einfach traumhaft.

Wenn das hier so weitergeht, dann hau ich ab. Dann
schmuggel ich mich in einen Flieger und ab nach Australien.

Aber das schaffen nur die anderen. Die, die in der Zei-
tung stehen.

Die Mutigen.

Die echten Kerle.

Ich werd's nicht schaffen.

Ich werde dieser verdammten Schule nicht entkom-
men.

Ich bin ein Feigling.

Ein Feigling und ein Versager.

Im Zeugnis drei Fünfen. Deutsch, Englisch, Mathe.

Sitzen geblieben. Keine Chance für eine Nachprü-
fung.

Ziemlich schrecklich.

Fast so schrecklich wie der Weltuntergang.

Jedenfalls für meine Mutter.

Es vergeht keine Stunde, wo sie mir nicht ihre Gespens-
tergeschichte auftischt. Titel: Arbeitslosigkeit.

Sie ist nicht neu, diese Geschichte.

Schon seit Jahren spukt dieses Gespenst in ihrem
Hirn.

Macht ihr schlaflose Nächte, zerrt an ihren Nerven.

Und zerrt an uns.

Jahrelang war mein Vater ihr Opfer Nummer eins. Sie
hat ihn von Fortbildung zu Fortbildung getrieben. Zu
Computerkursen, Englischkursen, Managementsemi-
naren.

Mit ihrem Lieblingssatz: „Der beste Schutz gegen Arbeitslosigkeit ist eine gute Ausbildung und eine immer
wieder aufgefrischte zeitgemäße Qualifikation!"
Ihr neues Opfer bin ich.
Seit letzter Woche, seit dieser Schreckensbrief von der
Schule im Briefkasten lag.
Mein Vater kann jetzt erst mal entspannen. Jetzt bin
ich dran.
Im Kindergarten hat sie mich noch weitgehend ver-
schont. Aber schon in der Grundschule ging's langsam
los. Die scharfe Kontrolle der Hausaufgaben, der ent-
täuschte Blick bei den Noten. Dreien und Vieren. Gerade noch mittelmäßig. Nicht genug.
Jetzt bin ich nicht mal mehr mittelmäßig. Jetzt bin ich
richtig schlecht. Und das ist eine Katastrophe. Ja, nicht
nur für sie. Auch für mich.
„Was soll bloß aus dir werden, Max?"
Ja, verdammt.
Keine Ahnung.

Auswandern.
Die einzige Chance.
Ab nach Australien. Zu Tim.
Aber mit diesem Zeugnis hab ich echt keine Chance
mehr auf Adoption. Auf einen Sohn mit drei Fünfen
haben Tims Eltern bestimmt nicht gewartet.

Management-
seminar
*Übungskurs
zur Geschäfts-
führung*

Sieht alles ziemlich schwarz aus. So schwarz wie der schwarze Streifen in meinem Sofa. Das war der erste Preis auf dem Sommerfest. Heute, am 29. Juni.

Ja, ich werde nicht immer nur vom Pech verfolgt.

Bei Tombolas hab ich meistens Glück.

Heute mal wieder der erste Preis. Ein Sofa. Lilaschwarz gestreift!

Weich und gemütlich. Total schön.

Meine Mutter fand's unmöglich. Hat doch glatt verlangt, dass ich den Preis zurückgebe.

Aber ich habe mich geweigert. War schließlich mein Preis. Und passte gerade in Vaters Kombi.

Mein Zimmer ist jetzt ziemlich vollgestopft. Aber das stört nur meine Mutter. Mit ihrem besonderen Blick für Ästhetik. Mich stört das nicht. Mein Geschmack ist irgendwie anders gestrickt.

Ästhetik Wissenschaft bzw. Lehre von der Schönheit

Ich hab insgesamt fünf Lose gekauft. Und keine einzige Niete. Hat sich echt gelohnt. Der Einsatz von 2,50 Euro brachte mir einen Spanischkurs auf CD-Rom. Den hab ich sofort meiner Mutter geschenkt. Die kann nicht genug kriegen von fremden Sprachen, die sie in ihrem Hirn abspeichern kann. Der nächste Gewinn ein Gutschein für eine Überraschungsfrisur bei „Haardesigner Romano". Der Geheimtipp in unserer Stadt für alle, die schrille Köpfe lieben. Wert 60 €.

Diesen Gewinn hab ich erst mal nicht verschenkt.

Könnte ja sein, dass ich die eher unauffällige Haarschneidekunst meiner Mutter mal leid bin …

Dann hab ich ein Schaf gewonnen. Leider kein echtes.

Nur aus Plüsch. Wollig weich mit freundlichem Gesicht. In seinem Bauch versteckt sich eine Wärmflasche. Na ja. Meine Freude war zwiespältig. Meine alten Plüschtiere hab ich schließlich schon vor einem Jahr in den Keller geschickt. Fand mich irgendwie zu alt für diesen Kinderkram. Aber dieses weiche Wärmflaschenschaf mit dem freundlichen Gesicht in die dunkle Kiste in den dunklen Keller, das ging nicht.

Jetzt sitzt es neben mir auf dem Sofa.

In meinen Händen halte ich den fünften Gewinn. Ein abschließbares Tagebuch. Fand ich zuerst ziemlich überflüssig.

Tagebücher! Ist eher was für Mädchen, hab ich gedacht. Die schreiben sich ihre ganz geheimen Liebesgeschichten von der Seele. Was soll Maximilian Mühlemeier aufschreiben? Er hat keine geheimen Geschichten. Und Liebesgeschichten sowieso nicht.

Aber dann ist es passiert. Einfach so. Mein Füller kratzt übers Papier. Und jetzt bin ich schon auf Seite sechs. Ganz freiwillig. Tut ziemlich gut. Sich den ganzen Ärger von der Seele zu schreiben.

Es ist fast elf.
Meine Augen fallen zu, wollen nicht mehr.
Schluss für heute. Bloß, wohin mit dem Schlüssel?

Mein Magen erinnert mich, dass ich ewig nichts gegessen hab. Zuletzt das, was so üblich ist auf Sommerfesten. Schlappe Waffeln mit Puderzucker und verbrannte Grillwürste mit Senf. Aber das ist Stunden her.
Eine Diät tät mir gut. Das weiß ich auch. Ein Apfel. Mehr sollte es nicht sein.
Aber mein Speckbauch schreit nach einer Kalorienbombe. Schokolade. Zum Beispiel. Das wär's jetzt.
Aber in diesem Haus gibt es keine Schokolade.
In diesem Haus gibt's nur die ganz gesunden Sachen. Die eigentlich gar nicht dick machen können. Trotzdem bin ich weit von der Idealfigur entfernt. Und auch daran leidet meine Mutter.
Aber ich kann es nicht ändern. Ich bin nun mal nicht ihr Traumkind. Und leider gibt's nur mich. Und nicht nur

virtuell. Richtig echt. Und ich kann mich nicht einfach
so wegbeamen.

wegbeamen
sich bis zur
Unsichtbarkeit
auflösen und an
einem anderen
Ort wieder
erscheinen

Seit ich existiere, liegt sie mir in den Ohren.
Schwimmen, Reiten, Tennis, ja sogar Fußball könnte
sie akzeptieren. Macht ständig neue Angebote, damit
ich mich endlich sportlich betätige.
Aber aus mir lässt sich nun mal kein Leistungssportler
machen. Judo hab ich ausprobiert. Ja, ihr zuliebe. Aber
das liegt mir auch nicht. Bin einfach zu ungeschickt.
Und daran kann ich nichts ändern. Bin schließlich erblich belastet. Das Abbild meines Vaters. Groß. Kräftig.
Unsportlich. Mit Neigung zum Bauchansatz. Nichts zu
machen. Leider. Auch zum Model völlig ungeeignet.

Also mal wieder keine Schokolade.
Aber es gibt was anderes. Etwas, das normalerweise
Kinder froh macht. Es gibt Gummibärchen. Die gibt
es immer. Diesen Vorrat lässt meine Mutter niemals
schrumpfen. Meine Mutter, diese sportliche, schlan-
ke Ehrgeizfrau ist nämlich süchtig. Gummibärchen-
Orakel-süchtig.
Seit zwei Monaten schon. Seit ihrem Geburtstag. Da haben die Frauen aus ihrer Gymnastikgruppe ihr nämlich
ein Buch geschenkt. „Das Gummibärchen-Orakel".
Und das funktioniert so:
„Kaufen Sie eine Tüte Gummibärchen. Ziehen Sie mit
geschlossenen Augen fünf Bärchen. Und öffnen Sie die
Augen. Sie sehen fünf Bärchen in verschiedenen Far-
ben. Nun brauchen Sie nur noch nachzuschlagen, was

Ihre Farbkombination bedeutet. Und Sie wissen alles über Ihre Zukunft."

„Schwachsinn!", war der Kommentar meines Vaters. Aber meine Mutter war immer schon leicht anfällig für Horoskope und diesen ganzen Zauber. Tarotkarten und so. Allerdings heimlich. Aber das Gummibärchen-Versteck ist nicht heimlich genug.

Zwei geschlossene Tüten liegen auf dem heiligen Buch.

Ich riskiere den Ärger und reiße eine Tüte auf.

Stopfe mir eine Hand voll in den Mund. Und hätte doch lieber süße weiche Schokolade zwischen den Zähnen als das harte, etwas klebrige Gummi mit dem eher langweiligen Geschmack. Das wär keine Sucht für mich.

Und dann, einfach so, wie von unsichtbarer Hand geführt, folge ich der Anweisung auf dem Buchdeckel.

Ich ziehe fünf Gummibärchen aus der Tüte.

Ein rotes, zwei gelbe, ein grünes, ein orangenes.

Auf Seite 55 steht alles über meine Zukunft.

Das rote Bärchen verspricht mir einen Energiekick. Das grüne teilt mir mit, dass mein Selbstvertrauen wächst.

Auch das orangene verspricht mir Energie. Die gelben warnen mich vor Leuten, die mich lähmen.

Denen werde ich keine Chance geben. Alles in allem keine schlechten Aussichten.

Ich sollte auf ein Wunder hoffen. Auf das Gummibärchen-Wunder ...

Tarotkarten
Spielkarten,
die dazu ver-
wendet werden,
die Zukunft
vorauszusagen

Sonntag, 7. Juli, 23.30 Uhr, Bodrum, Türkei, Ferienpark Sea Garden Village, fünf rote Gummibärchen zwischen den Zähnen

Ich warte immer noch auf das Wunder. Aber Energiekick und Selbstvertrauen sind wohl noch unterwegs. Ein genaues Datum hat das Orakel schließlich nicht versprochen.

Ich sitze auf dem Balkon unserer Ferienwohnung. Über mir ein ziemlich gigantischer Sternenhimmel. Ein runder gelber Mond. Zum Greifen nah. Der Wind ist kühl. Zu kühl für kurze Hosen.
Nachts find ich es gut hier. In der Nacht halte ich diese Temperaturen aus. Aber was tu ich am Tag? Bei vierzig Grad im Schatten? Die Wohnung hat zum Glück eine Klimaanlage. Leider keinen Fernsehapparat. Was also soll ich hier? Drei Wochen lang ... Meine Mutter hat sich sofort auf das Animationsprogramm gestürzt. Und sich gleich angemeldet.
Um acht „Walking" am Strand.
Um zehn „Stretching" im Fitnessraum.
Um elf Wassergymnastik im Pool.
Um zwei Bogenschießen.
Um vier Volleyball.
Um sechs Tennis.
Zwischendurch Surfen, Segeln, Golfen ...
Ja, und dann gibt's noch die Sauna ...
Meine Mutter ist glücklich.

Das ist Urlaub!
Unglücklich macht es sie nur, dass Gisbert und Maximilian Mühlemeier sich verweigern.
Nein, auch zu einem Tauchkurs sind wir nicht zu überreden ...
Für die Leibesfülle meines Vaters gäbe es mit Sicherheit sowieso keine Tauchanzüge, und Maximilian Mühlemeier hat irgendein tief sitzendes Wassertrauma.
Badewanne geht gerade noch, aber Kopf unter Wasser, das geht nicht. Klaustrophobie nennt sich das Trauma. Krankhafte Angst vor geschlossenen Räumen. Bei mir bezieht sich das auf geschlossene Wasserflächen.
Mein Vater will bloß seine Ruhe. Mehr nicht. Aber auch nicht weniger. Stress hat er zu Hause genug. Die tägliche Tageszeitung, seine Kreuzworträtsel, ab und zu ein kühles Bier, das ist Urlaub, mehr braucht er nicht ... eigentlich könnte meine Mutter sich freuen, dass er so genügsam ist.
Ich hab ein paar Comics, mein Tagebuch ... und nachts die kühle Luft und den gigantischen Sternenhimmel. Das muss reichen ...

Besonders verheißungsvoll fing der Urlaub nicht gerade an.
Am Flughafen das totale Chaos.
Die ganze Menschheit auf dem Weg in die Sonne.
Sonnenhüte, Sonnenschirme, genervte Bleichgesichter unterwegs zum Sonnenbrand.
Und wir das Opfer der Sparmaßnahmen meiner Mutter.

Der absolute Billigflug musste es sein.

Und den hat sie gefunden.

Fünfhundert Euro gespart.

Aber der Preis war trotzdem hoch. Mehr als hoch. Es hätte nicht viel gefehlt und wir wären abgestürzt. Mit einer dieser Billigmaschinen. Von einer dieser Fluggesellschaften, die man nur buchen sollte, wenn man das verdammte Leben leid ist.

Der Wecker um vier. Ziemlich früh. Dann zum Flughafen. Zum Glück nicht mit der S-Bahn. Zum Glück ganz gemütlich mit dem neuen Benz von Onkel Rainer.

Der Flieger sollte um sieben gehen. Tat er aber nicht.

Dann die ersten Gerüchte. Unsere Maschine war defekt.

Zum Glück haben sie das nicht erst über den Wolken gemerkt.

Aber keiner wusste Genaues. Ziemliches Durcheinander. Bis wir dann so gegen elf mit einem Bus zum nächsten Flughafen gekarrt wurden. Und dann hats immer noch gedauert. Bis um sechs. Die Maschine mehr als mittelalterlich. Unübersehbar die Roststellen. Ich wär am liebsten umgekehrt. Zurück ins Reihenhaus. Aber wir haben es dann doch überlebt.

Das Kind neben mir kotzte auf meine neue weiße Jeans.

Das war's dann auch. Mehr ist nicht passiert. Die Flügel sind dem altersschwachen Flieger nicht abgebrochen. Aber meine Mutter hat geschworen, ihre Sparmaßnahmen in Zukunft an anderen Stellen einzusetzen.

Mittwoch, 10. Juli, 14.00 Uhr, Bodrum, Ferienpark Sea Garden Village, auf einer Liege unter einem Sonnenschirm, am Pool, nach der dritten Cola

Ich warte immer noch auf meinen Energiekick und das wachsende Selbstvertrauen … Aber Gummibärchen sind Gummibärchen. Mehr wahrscheinlich nicht. Vielleicht sollte ich mir endlich mal eine Dose Red Bull kaufen. Soll Flügel verleihen, die Power von dem roten Stier. Aber ich hab mich bis jetzt noch nicht getraut.
Maximilian Mühlemeier mit Flügeln? Ich glaube, das passt nicht. Also liege ich unter dem Sonnenschirm. Und leide. Unter der Hitze. Und unter den Sprüchen meiner Mutter.
Ich seh sie ja wirklich nicht oft. Aber in den Pausen zwischen ihren Terminen nervt sie mich mit den immer gleichen Sätzen.
„Zieh doch bitte dein T-Shirt aus!"
„Lass endlich Luft und Sonne an deinen Körper!"
„Lies doch nicht immer nur Comics!"
„Hast du immer noch niemanden kennengelernt?"
„Trink bitte nicht so viel Cola, Max. Denk an die Kalorien!"
„Warum gehst du nicht mal ins Wasser?"
„Langweilst du dich eigentlich immer noch nicht?"

Natürlich langweile ich mich.
Für den Miniclub bin ich zu alt. Der geht nur bis zehn.

Für den Jugendclub bin ich zu jung. Der fängt erst bei
vierzehn an. Und in meinem Alter gibt's hier nur ein
Mädchen. Sieht nett aus. Könnte mir echt gefallen.
Aber das liegt den ganzen Tag auf ihrer Liege und liest.
Nein, keine Comics wie ich. Sie liest richtige Bücher.

Zum Glück hab ich mein Tagebuch. Ich hab mir sogar
eine silberne Kette gekauft für den Schlüssel. Die bau-
melt jetzt um meinem Hals. Sieht irgendwie gut aus.
Und dann gibt's ja noch die Kreuzworträtsel. Mein Vater hat mich angesteckt. Wird langsam schon zur Sucht.
Eine angenehme Sucht. Und richtig gesund.
Meine Mutter könnte echt zufrieden sein. Meine All-
gemeinbildung wächst schließlich bei jeder Aufgabe.
Grundnahrungsmittel mit zwei Buchstaben: Ei. Riech-
organ: Nase. Tierabrichtung: Dressur. Und so weiter.
Ein Fernseher zur Abwechslung wär zwar auch nicht
schlecht. Für die Mittagshitze. Aber den verweigert
meine Mutter.
Verblödungsmaschine nennt sie ihn.
Sie will einfach nicht begreifen, dass man seinen Horizont auch mit Informationen aus dem Fernseher er-
weitern kann. Meine Mutter hat den Anschluss an die
Neuzeit verpasst. Leider. Dabei ist sie noch jung. Gerade mal dreiunddreißig. Aber für meine Mutter zählt
nur das bedruckte Papier.

Freitag, 19. Juli, 22.54 Uhr, Bodrum, Ferienpark Sea Garden Village, auf dem Balkon, allein mit Cola und Chips, meine Eltern mit Cocktails an der Bar

Meine Mutter ist in Hochform. Innen und außen. Das Einzige, was ihre Urlaubsfreude stört, sind ihre beiden Männer. Aber sie hat sich abgewöhnt, zwischen ihren Terminen einen Kontrollgang zu unseren Liegen zu machen.

Sie hat es inzwischen kapiert: Mein Vater ist wirklich rundherum zufrieden mit seinen Kreuzworträtseln, der Tageszeitung und dem kühlen Bier. Und daran kann sie nichts ändern. Also soll sie ihn endlich in Ruhe lassen. Ist schließlich sein Leben. Er mischt sich ja auch nicht in ihre Sportprogramme.

Jeden Abend – statt Gute-Nacht-Geschichte – die gleiche Frage mit der steilen Sorgenfalte auf der Stirn: Hast du immer noch niemanden kennengelernt, Max?

Nein, verdammt!

Dieses Mädchen mit der Baseballmütze unter dem gelbweiß gestreiften Sonnenschirm, ja, das könnte mir gefallen. Aber die interessiert sich nicht für lebende Menschen. Die interessiert sich nur für die Figuren aus ihren Büchern. Keine Chance für mich.

Heute beim Frühstück hat meine Mutter uns einfach überrumpelt. Ihre Power hat zugeschlagen. Frisch gepresster Orangensaft und die Nachricht:

„Ich hab uns zu einer Wanderung angemeldet. Eine

ganz wunderbare Strecke. Über die Berge bis zur wei-
ßen Villa. Zurück dann übers Meer. Mit dem Katamaran. Um drei geht's los. Na, wie findet ihr das?"
Meinem Vater und mir ist das Brot im Hals stecken geblieben. Aber meine Mutter war schon wieder auf und
davon. Wassergymnastik oder Stretching ...
Bei vierzig Grad im Schatten über die Berge ...
„Bitte, wenn sie unbedingt meinen Herzinfarkt riskieren will ...!"
Das war der einzige Kommentar meines Vaters.
Er hat es aufgegeben, meiner Mutter zu widerspre-
chen.
Und ich?
Ich hatte sowieso keine Chance ... diese Mutter ist ein-
fach noch ein paar Nummern zu stark für mich. Noch.

Pünktlich um drei also. Treffen an der Rezeption.
Ziemlich witzig, die Wandergruppe. Mit Hüten und
Wasserflaschen, kurzen Hosen, hohen Schuhen und
Sonnenbrillen. Mit Ferngläsern und Fototaschen. Rie-
sigen Dingern. Richtig profimäßig. Zwanzig durchtrai-
nierte Körper. Ab vierzig ... und mal wieder niemand
zwischen zehn und vierzehn.
Maximilian Mühlemeier der Einzige ohne Kopfbede-
ckung.
Nein, der blöden Mütze, die meine Mutter mir gekauft
hat, wollte ich keine Chance geben.
„Hoffentlich bekommst du keinen Sonnenstich, Max!"
„Ich hab schließlich Haare auf dem Kopf!"
Eben.

Katamaran
schnelles Segel-
boot mit zwei
Rümpfen, die
fest miteinander
verbunden sind

Und dann kam endlich der Energiekick ... Unangemeldet und völlig überraschend.
Ziemlich wahnsinnig.
Eigentlich bin ich eher zufällig an der Spitze gelandet.
Vielleicht, weil ich meine Mutter abschütteln wollte,   5
die mich sicher wieder mit irgendwelchen Sprüchen
verfolgt hätte ...
Jedenfalls stolperte ich einigermaßen zügig über den
steinigen Weg. Zerkratzte mir die Beine an stacheligen
Sträuchern und stellte schon nach fünf Minuten fest,   10
dass ich ohne Wasserflasche nie ans Ziel kommen würde. Zwei Stunden Weg lagen noch vor uns ... mich würde der Hitzschlag treffen.
Die Gruppe hatte ich längst abgehängt. Mich verfolgte

nur noch die Wanderführerin. Aysel, eine türkische Sportstudentin, die in Deutschland lebt.

Ich hab mich echt angestrengt, einen möglichst dynamischen Eindruck zu hinterlassen. Mir nur ganz unauffällig den Schweiß von der Stirn gewischt, versucht, möglichst lautlos zu atmen, obwohl ich am liebsten tierisch gestöhnt hätte ...

Aber mein schauspielerisches Talent hält sich in Maßen. Obwohl meine Mutter gerade in diese Kunst ihre Hoffnung für mich setzt. Sie hat mich im Jugendclub vom Theater angemeldet. Peinlich, mehr als peinlich. Nur weil ich im Weihnachtsstück den Josef gespielt hab, kann sie doch nicht ernsthaft glauben, dass ich als Schauspieler die Bühnen der Welt erobern kann.

Maximilian Mühlemeier kann einfach kein Leonardo DiCaprio werden.

Aysel konnte ich jedenfalls nichts vormachen.

Schon nach zehn Minuten hat sie mir das erste Mal ihre Wasserflasche gereicht. Es schmeckte wirklich bloß nach Wasser. Trotzdem. Keine Ahnung, was für ein Wundermittel sie da abgefüllt hatte. Jedenfalls gab es endlich den Energiekick.

Meine Füße stolperten weniger.

Mein Herz klopfte gleichmäßiger.

Mein Atem ging ruhiger.

Nur der Schweiß, der lief und lief. Genauso schnell wie ich.

Nach eineinhalb Stunden lag sie dann vor uns. Die weiße Villa. Mit schattigen Bäumen und kalten Getränken. Unter uns das blaue Meer. Tintenblau. Total schön. Ja, und dann ist das passiert, woran ich nicht mehr geglaubt hatte.

„Kommst du mit?"

Aysel stand vor mir im Badeanzug.

Zum Glück hatte ich eine Badehose unter meiner Jeans.

Und dann war ich plötzlich mitten in diesem tintenblauen Meer.

Und das war wahnsinnig. Wahnsinnig schön.

Erfrischend, kühl. Einfach klasse.

Warum hab ich das bloß nicht eher ausprobiert?

Ziemlich blöd eigentlich.

Wahrscheinlich hätte ich das Meer nie wieder verlassen ... aber der Duft frisch gegrillter Lammkoteletts hat mich dann doch wieder ans Land gelockt.

Bis dahin war ich ganz zufrieden mit dem Ausflug.

Mehr als zufrieden sogar.

Bis um sechs. Dann kam schließlich erst die Krönung.

Die Rückfahrt mit dem Katamaran. Das Meer machte heute nicht gerade einen sanften Eindruck. Hatte einen erhöhten Wellengang eingeschaltet. Schon beim Anblick dieser wackeligen Gestelle wurde mir ganz schlecht. Bin nun mal keiner von der mutigen Sorte ... und dann mein Wassertrauma ...

Die Animateure verteilten die Schwimmwesten. Dann verteilten sie uns. Ja, und da lagen wir auf dieser Plastikplane mit Segel auf zwei Kufen. Die sich Katamaran nennt. Kein Halt nirgends. Die Schuhe wohlverschnürt im Plastiksack ... Zum Glück war ich nicht der Einzige, der sich alles andere als wohlfühlte.

Auch die durchtrainierten Menschen um die vierzig

guckten etwas ängstlich. Und waren seltsam weiß
hinter ihrer Sonnenbräune. Nur meine Mutter, die
war echt gut drauf. Sie ließ sich gleich als Hilfskraft
anheuern. Durfte an Schnüren ziehen und sich über
die Reling hängen. Meinem Vater vertraute man den
Schuhsack an. Weil er so kräftig aussah?
Unser Katamaran startete als Letzter.
Die anderen schaukelten schon auf dem offenen Meer.
Die Wellen meterhoch. Mir war sterbenselend.
Aber eh mir noch der rettende Gedanke kam, dass ich
ja locker zu Fuß über die Berge hätte gehen können,
da trieben auch wir schon unserem Untergang zu. Eine
wackelige Nussschale auf dem offenen Meer ...
Zum Glück gibt's hier keine Haie. Oder doch? Jedenfalls hab ich bis jetzt noch keine gesehen ... Trotzdem.
Das Ufer war weit ... unsere Hotelanlage wie Minispiel-
zeug irgendwo am Horizont ... die anderen Katamarane
trieben irgendwie in die falsche Richtung ... unser Ani-
mateur hing am Segel wie Tarzan an der Liane ... hing
halb im Wasser.
Das Boot hatte schon Schräglage, die Männer wurden
immer bleicher, die Frauen kreischten, ich wollte kotzen, da rutschte meinem Vater der Schuhsack aus den
Händen, sein Nachbar wollte ihn retten.
Er fiel von Bord und mit ihm seine Fotoausrüstung. So
eine ganz besondere. Für Profis. Nichts zu machen. Die
war hinüber. Untergetaucht und abgesoffen. Hoffentlich war sie gut versichert.
Ihr Besitzer hing in seiner Schwimmweste. Wartete
mit Schreckensaugen auf das Rettungsboot. Denn wir

trieben schon längst wieder weiter, immer weiter dem offenen Meer zu. In die falsche Richtung.

Auch der Schuhsack war inzwischen abgesoffen. Meine schönen neuen Nike waren auf dem Weg zum Meeresgrund.

Untergang der Titanic? Ganz so tragisch nicht. Es gab schließlich keine Eisberge ... erfrieren würden wir also nicht. Das war ziemlich tröstlich. Trotzdem. Mir war total schlecht. Vor Angst und der elenden Wackelei.

Ich beugte mich über den Rand des Bootes und überließ den Fischen großzügig die Reste meiner Lammkoteletts.

Dann kamen endlich die Retter. Die braun gebrannten Kapitäne in ihren Schnellbooten. Sie fischten den über Bord Gegangenen aus dem Wasser. Uns grinsten sie bloß zu. Und überließen uns dem Härtetest.

Irgendwann sind wir tatsächlich angekommen.

Nie wieder Katamaran. In diesem Leben nicht. Wenn irgendwas klar war in meinem Leben, dann das.

Meine Mutter hat sich gleich für die nächste Tour angemeldet.

Sonntag, 18. August, 21.30 Uhr, wieder zu Hause, auf meinem Sofa, ziemlich nervös, den linken Daumennagel bis zur Schmerzgrenze abgenagt

Der Energiekick hat tatsächlich angehalten.

Die letzten Urlaubstage hab ich nicht mehr auf meiner Liege verbracht. Ich bin durch die Berge gestreift. Mit Wasserflasche und Badehose im Rucksack. In den kleinen Fischerbuchten hab ich ein Bad genommen, den Fischern zugeschaut. Am letzten Tag haben sie mich zum Essen eingeladen. Gegrillter Fisch am Strand. Ein Mädchen hat mir eine Angel in die Hand gedrückt. Ich hab natürlich nichts gefangen. Wir konnten uns auch nicht unterhalten. „Merhaba" ist das einzige türkische Wort, das ich kenne. Aber es war trotzdem schön.

Ich wär am liebsten geblieben ... Angeln in der Türkei statt Schule! Eine echte Alternative zu Australien. Aber das Leben eines türkischen Fischers war für Maximilian Mühlemeier nicht vorgesehen. Zurück mit dem Billigflug. Pünktlich. Und ohne Zwischenfall.

Und jetzt warte ich, dass sich das verdammte Selbstvertrauen einstellt. Morgen ist der erste Schultag.

Und ich habe Angst.

Angst, dass ich es wieder nicht schaffe.

Angst, dass ich mich völlig allein fühle. Tim fehlt mir ganz schrecklich.

Er fehlt mir so, dass es wehtut.

Gestern Abend hab ich mit Papa geredet. Er hat mir versprochen, ein Faxgerät zu kaufen. Faxen ist billiger als telefonieren …

Trotzdem bin ich traurig.

Das Wärmflaschenschaf versucht mich zu trösten … aber ich bin kein leichter Fall. ⁵

Montag, 19. August, 14.00 Uhr, auf meinem Sofa, drei grüne, zwei gelbe, ein rotes Gummibärchen starren mich an

Am liebsten würde ich all den blöden Gummibärchen
die Köpfe abbeißen.
Von Energiekick und Selbstvertrauen keine Spur.
Der erste Schultag hat mich ganz tief in den Keller ge-
zerrt.
Ich bin der einzige Neue.
Der Einzige, der sitzen geblieben ist.
Der Einzige, der niemanden kennt.
Der Einzige, der in der letzten Reihe sitzt.
Alleine in der letzten Reihe.
Ein Schießbefehl.

In der Pause kam ich mir wie ein Aussätziger vor. Für
die Leute in meiner alten Klasse existierte ich nicht
mehr. Für die Leute in meiner neuen Klasse existierte
ich noch nicht.
Und Tim am anderen Ende der Welt.
Ohne Schule. Aber mit fünftausend Rindern. Ich wäre
auch gern eins von ihnen. Heute jedenfalls.

Und dann die Fragen meiner Mutter. Beim Mittages-
sen.
„Wie war's?"
„Hast du schon jemanden kennengelernt?"
Mein Vater sollte arbeitslos werden. Und sich dann wie

Tims Vater einen Job in Australien suchen ... aber ob
die ihn nehmen?
Mein Vater hat wahrscheinlich den falschen Beruf.
Mein Vater ist leider kein Schlosser, den man auf so
einer riesigen Farm mit fünftausend Rindern gebrau-
chen kann.
Mein Vater hat sich vom Verkäufer zum Leiter des Su-
permarkts hinaufgearbeitet. Dem größten Supermarkt
der Stadt.
Den werden sie wohl nicht rausschmeißen, auch wenn
meine Mutter das ständig befürchtet.
Mein Vater muss höchstens andere rausschmeißen.
Und das macht ihn krank.
Mein Vater wär auch lieber in Australien. Glaube ich.

Gleich liefert meine Mutter mich ab.
Zur ersten Sitzung meiner Theatergruppe.
„Ich hab Kopfschmerzen!", hab ich gesagt.
„Dann gehst du eben mit Kopfschmerzen!", hat sie ge-
sagt.
„Bauchschmerzen hab ich auch!"
„Das geht vorbei, wenn du erst mal da bist. Du bist bloß
etwas aufgeregt. Das ist normal!"

Als Alternative hat sie mir mal wieder mit einem Sport-
verein gedroht.
Da hab ich meinen Mund gehalten. Ich werde Tim
ernsthaft fragen, ob mich seine Eltern nicht adoptieren wollen. Aber ob ich mich traue? Vielleicht wenn die
nächste Arbeit ausnahmsweise mal keine Fünf ist.

Montag, 19. August, 22.00 Uhr, auf meinem Sofa, beschäftigt mit der Hausaufgabe von Markus Hausmann. Meinem Regisseur. Die Übung fürs deutliche Sprechen: reden mit einer Glasmurmel im Mund

Die Aussicht auf eine mögliche Adoption gibt mir Kraft.

So viel Kraft, dass ich durchgehalten hab.

Stadttheater. Jugendclub. Die erste Sitzung.

Ich bin nicht abgehauen, obwohl alles in mir wegwollte.

Meine Mutter hat mich abgeliefert, so wie früher. In den Kindergarten.

„In zwei Stunden hol ich dich ab!"

Ich war der Letzte.

Und ich kam mir sofort vor wie der letzte Volltrottel und wurde stumm wie ein Fisch.

Vor mir im Kreis saßen die neuen Serienstars der Zukunft. Schön und schlank. Selbstbewusst und sprachgewandt.

Ich war zu groß, zu dick, ich gehörte einfach nicht dahin. Das sah ich gleich.

Noch stand ich an der Tür, noch konnte ich unbemerkt verschwinden ... da bekam ich einen leichten Stoß und wurde reingeschoben.

Hinter mir der Schauspieler. Unser Regisseur. Markus Hausmann. Ja, und der war auch kein Romeo. Vor mir stand so ein Rübezahl- und Räuber-Hotzenplotz-Typ.

Er hat mir seine Bärenpranke auf die Schulter gelegt
und mich auf den letzten freien Platz gesetzt.
Neben dem allerschönsten Mädchen.
Ich musste die Luft anhalten. So schön war sie.
Lange braune Haare, fast schwarz, ein blasses Gesicht
mit Sommersprossen. Schneewittchen! Genau so hab
ich mir immer Schneewittchen vorgestellt.
Sie dreht sich zu mir. Mich trifft ein leichtes Lächeln.
Mich treffen ihre Augen. Dunkelbraun, fast schwarz
mit einem seltsamen Glanz.
Ich muss wegucken. So viel Schönheit kann ich einfach nicht aushalten.
Markus Hausmann hat eine angenehme Stimme. Er
erinnert mich an meinen alten Teddybär. Hat was Gemütliches. Das beruhigt mich etwas.

„Zuerst möchte ich wissen, warum ihr hier seid!", sagt
Markus. „Warum wollt ihr Theater spielen?"

Ja, und dann erzählen alle das Gleiche. Selbstbewusst.
Und cool.

5 Sie wollen mal Schauspieler werden ... na klaro.
Bis auf Schneewittchen.
Das bleiche Gesicht wird rot.
„Ich möchte diese Frage nicht beantworten", sagt sie.
Da gucken alle etwas dämlich. Bis auf Markus.

10 Der findet diese Antwort wohl völlig okay.
Dann bin ich an der Reihe.

Mein Herz klopft. Meine Hände sind feucht.
Ich denke an Australien und sage:
„Meine Mutter hat mich hier angemeldet. Ich hab so

15 meine Zweifel, ob ich hier richtig bin!"
„Hast du schon mal Theater gespielt?"
„Nur den Josef, im Krippenspiel!"
Jetzt grinsen sie, die coolen Serienhelden der Zukunft,
die Romeos und Julias ...

20 Und Markus sagt bloß:
„Vielleicht gefällt es dir ja bei uns. Probier es einfach mal aus. Mir haben sie früher auch immer den
Josef angedreht. Weil ich größer und kräftiger war
als alle anderen. Auch solche Typen werden im Thea-

25 ter gebraucht. Nicht nur die schönen Leonardo
DiCaprios. Arbeitslos war ich bis jetzt jedenfalls noch
nicht."
Er legt mir die Hand auf die Schulter.

Leonardo
DiCaprio
gut aussehender,
amerikanischer
Filmschau-
spieler

Die anderen haben ihr Grinsen ganz schnell wegge-
packt.

Dann haben wir ein paar Spiele gemacht. Die üblichen
Spiele zum Kindergeburtstag.
Mein rechter, rechter Platz ist frei ... zum Kennenler-
nen der anderen. Maximilian Mühlemeier hat sich
dreimal Leonie Schubert gewünscht.
Schneewittchen.
Und Leonie Schubert hat sich dreimal Maximilian
Mühlemeier gewünscht.
Leonie Schubert.
Der einzige Name, den ich mir gemerkt habe.
Wie Schokolade hab ich diesen Namen immer wieder
auf der Zunge zergehen lassen.
Noch nie hab ich so einen schönen Namen gehört.
Und noch nie hab ich so ein schönes Mädchen gese-
hen.
Leonie Schubert.
Wir haben noch ein paar andere Spiele gespielt. Koffer
packen zum Beispiel. Aber ich war so durcheinander,
dass ich mir nur Zahnbürste, Kamm und Seife merken
konnte.
Die müssen denken, dass sie einen kompletten Voll-
idioten vor sich haben.
Egal.
Seit Hoffnung auf Australien besteht, ist mir auf einmal vieles egal.
Beim Abschied hat Markus mir die Hand auf die Schul-
ter gelegt. Nur mir.

„Ich fänd's schön, wenn du wieder kommen würdest."
Solange es Leonie Schubert gibt ...

Was ist passiert?
Maximilian Mühlemeier ist ziemlich durcheinander.
Aber es geht ihm nicht schlecht dabei.
Merkwürdig. Ziemlich merkwürdig.

Meine Mutter steht im Foyer.
Wartet auf ihr Kindergartenkind.
Peinlich. Mehr als peinlich.
Nächste Woche nehm ich die U-Bahn.
Meine Augen suchen Schneewittchen.
Aber sie ist schon weg.
Hoffentlich nicht in den Klauen irgendeiner bösen
Stiefmutter ...

Ich bin so aufgedreht, dass ich kein Auge zukrieg ...

Eine Woche kommt mir auf einmal total lang vor ...

Mittwoch, 21. August, 16.00 Uhr, auf dem Sofa, ab sofort ins Tagebuch nur noch mit roter Tinte

Der Wahnsinn! Der absolute Wahnsinn!
Das blöde Gummibärchen-Orakel scheint doch zu funktionieren. Der Energiekick hat mich völlig über-rollt und auch mein Selbstvertrauen ist irgendwo aus der Versenkung aufgestiegen.   5

Ich bin allein im Haus.
Meine Mutter hat seit heute einen Job. Sie arbeitet jetzt in einer Boutique. Die gehört ihrer Tennisfreun-din Babsi.
Ich bin endlich befreit.   10
Befreit von der ständigen Gluckerei, den ständigen Sprüchen.
Ich seh sie bloß noch in der Mittagspause.
Eine Stunde lang kann ich sie gut aushalten.

Jetzt bin ich froh, dass ich allein bin. Allein mit diesem   15
Chaos in mir.

Ich hab glatt gedacht, dass ich jetzt langsam verrückt werde. Seit Montag kann ich an nichts anderes mehr denken. Ich seh nur noch sie. Leonie Schubert. Da kann ich machen, was ich will. Sie taucht einfach immer wie-   20
der auf. Ob ich mir gerade die Zähne putze, unter der Dusche steh, vor den Matheaufgaben sitze ...
Und heute früh, in der Schule, da saß sie in der letzten

Reihe. Auf dem Platz neben mir.

Wirklich und wahrhaftig.

War das möglich?

Oder war ich einfach bloß durchgeknallt?

Mich hat fast der Schlag getroffen.

Ganz langsam bin ich zu meinem Platz geschlichen.

Aber schon von Weitem hat sie mir zugelächelt.

Mit diesen schwarzen Augen, dieser kleinen Stupsna-
se, den Sommersprossen, den langen Haaren und diesem Mund ... keine Ahnung, warum mir gerade dieser
Mund aufgefallen ist. Ich hab anderen Menschen noch
nie auf den Mund geschaut. Hätte ich niemals gewagt
... Aber ihr Mund war einfach wunderschön, hat mich
angezogen wie ein Magnet. Dagegen war ich einfach
machtlos. Die Lippen erdbeerrot. Natürlich Natur.
Nicht angemalt. Da hab ich gemerkt, wie rot ich plötzlich geworden bin. Mehr als erdbeerrot wahrscheinlich.

„Maximilian Mühlemeier! Hab ich Visionen oder bist
du's wirklich?" Sie schickt mir dieses kleine Lächeln,
das ist so klein wie ihre Nase, dann zwickt sie mich in
den Unterarm.

Ich hätte das nicht gewagt.

„Du bist es wirklich!", sagt sie.

Mehr konnte sie leider nicht sagen.

Unser Klassenlehrer betritt den Raum.

Es wird sofort still.

Streng sieht er aus. Kein Lächeln. Nichts. Nur ein Blick,
der alles unter Kontrolle hat.

Robert Adler unterrichtet Englisch und Deutsch.

Jetzt hat er mich im Visier.

Maximilian Mühlemeier, den Sitzenbleiber.

Ob ich bei Robert Adler eine Chance habe?

Unter seinem Blick werde ich zum Fisch. Zum stum- 5
men Fisch, der untertaucht und nur ab und zu, kurz vor
dem Ersticken auftaucht, um nach Luft zu schnappen.

Australien, ein Lehrer per Funk, das würde Maximilian
Mühlemeier vielleicht gerade noch aushalten ... aber
nicht diesen ganz alltäglichen täglichen Horror.   10

Diesen ganz lebendigen Lehrer.

Eigentlich haben wir Deutsch.

Aber Robert Adler hält uns einen Vortrag. Einen Vortrag
über die Notwendigkeit des sozialen Engagements.

Beschimpft unseren Egoismus.   15

Er ist enttäuscht.

Es hat sich immer noch niemand gemeldet, der in diesem Schuljahr das Klassenbuch führen will.

Mich würde er sowieso nicht nehmen. Deshalb melde
ich mich erst gar nicht.   20

Bei meiner Fünf in Deutsch und meiner Sauklaue ...

In das eisige Schweigen hinein jetzt die Stimme meiner
Nachbarin. Nicht besonders laut, nicht besonders auf-
dringlich, aber klar.

„Ich kann das machen!"   25

Robert Adler könnte jetzt wirklich mal anders gucken.

Freundlicher oder so. Aber nein.

Seine Gesichtsmuskeln kriegen wohl nichts anderes
hin als diesen grimmigen Blick.

Er zögert, wandert mit seinen graublauen Augen durch   30

die Reihen. Nein, niemand anders, der sich dieses Amt
freiwillig aufhalst.

Erst dann kommt er auf die letzte Reihe zu und legt das
grüne Buch auf den Platz von Leonie Schubert.

5 Sagt kein Wort. Nicht mal „Danke" oder „Nett von dir,
dass du das machst".

Dann fixiert er mich mit seinem Eisblick und sagt:
„Dein Aufsatz, Maximilian!"

War mir ja gleich klar, dass er mich besonders im Visier

10 hat. Hab Pech gehabt mit diesem Klassenlehrer.

Leider. Nichts zu machen.

Alle Jahre wieder das gleiche dämliche Aufsatzthema.

Mein schönstes Ferienerlebnis.

Ich hol mein Heft aus der Tasche.

15 Aber heute ist nicht mein Tag.

Der Fisch ist untergetaucht. Liegt ganz tief unten auf
dem Meeresgrund. Bewegt sich nicht, atmet nicht, ist
stumm, wie ein Fisch eben ist.

Ich schlage mein Heft auf.

20 Vor mir vier eng beschriebene Seiten in allerschönster
Sonntagsschrift.

Mein Aufsatz fehlerfrei, von der Mutter dreimal kor-
rigiert. Die Fahrt mit dem Katamaran. Spannend und
witzig.

25 Aber ich krieg kein Wort raus.

Es geht nicht.

Der stumme Fisch versteckt sich unter einem dicken
Stein.

Ist nicht mehr zu sehen.

30 Jetzt kommt er auf mich zu.

Durchschreitet die Reihen, hält seinen Lehrerkalender
in der Hand, jetzt schlägt er ihn auf, jetzt wird er mir
gleich die allererste Sechs verpassen ... soll er ruhig, mir
ist das alles hier so total egal. Ich denke an die Funklehrerin ... an ihre freundliche Stimme ... die deutschen
Lehrer können mich mal.

„Kannst du dir das leisten, Maximilian Mühlemeier?"
Robert Adler steht vor mir. Mit rotem Gesicht und fal-
tigen Falten. Gleich heul ich doch los. Verdammt!
Aber meine Stimme ist weg. Einfach auf und davon.
Untergetaucht und abgesoffen.

„Max hat Probleme mit seiner Stimme! Er kann heute
nicht sprechen!"
Sollte ich einen Schutzengel haben? Obwohl ich nicht
getauft bin? Leonie Schubert ist jedenfalls dabei, mich
zu retten.

„Wir haben in unserer Theatergruppe wohl ein paar
Sprechübungen zu viel gemacht. Wenn Sie wollen, lese
ich seinen Aufsatz vor!"

Robert Adler nimmt mein Heft.
„Ich möchte ihn selber lesen. In der großen Pause. Ich
bring ihn dann zur Englischstunde wieder mit!"

Dann nimmt er das türkische Mädchen mit Kopftuch
dran. Und die sagt:
„Ich wusste nicht, was ich schreiben sollte. Ich hatte
kein schönstes Ferienerlebnis. Wir sind überhaupt
nicht weggefahren."
In der Klasse wird es unruhig.

Fatma ist nicht die Einzige, die kein Ferienerlebnis hatte.

Nur wenige sind weggefahren.

Auch Schneewittchen ist hier geblieben.

Das hätte Robert Adler sich denken können.

Denkt er sich aber erst jetzt.

Seit die Zeche dichtgemacht hat, gibt's in dieser Stadt schließlich fünfzehn Prozent Arbeitslose.

Das ist ihm jetzt unangenehm.

Er wechselt das Thema und lässt die Lesebücher aus der Tasche holen.

Leonie hat noch kein Lesebuch. Ich schiebe mein Buch in die Mitte. Sie rückt näher.

„Danke!", sagt sie.

„Danke!", sage ich. „Du hast mich gerettet!"

Unsere Arme berühren sich. Mir wird heiß. Wie soll ich das aushalten neben ihr?

Wie soll ich mich auf die blöde Geschichte konzentrieren, wenn ich immer wieder anfange, ihre Sommersprossen zu zählen ...

Ich brauche dringend einen anderen Platz. Und doch bin ich so froh, dass sie hier ist. Dass sie in meine Klasse geht. Dass ich endlich jemanden kenne. Leonie Schubert. Und dass ich neben ihr sitze ... Australien ist mir plötzlich viel zu weit weg.

„Ein schöner Aufsatz!", sagt Robert Adler nach der großen Pause.

Ich schlage mein Heft auf. „Gut!" steht mir roter Tinte unter meiner Geschichte.

Wenn das so weitergeht, dann brauch ich die Funklehrerin vielleicht doch nicht ... muss auch nicht auswandern. Und ich muss auch nicht von Tims Eltern adoptiert werden ...

Wenn das so weitergeht, dann könnte ich weiter neben ihr sitzen ... Maximilian Mühlemeier ist plötzlich dabei, abzuheben ...

Freitag, 23. August, 21.35 Uhr, im Bett, fünf Tassen Fencheltee im Bauch, das Wärmflaschenschaf auf dem Bauch

Sie haben den Arzt bestellt.

Fand ich ziemlich überflüssig.

Kopfschmerzen, Bauchschmerzen, Übelkeit, daran stirbt man schließlich nicht.

Aber meine Mutter fasste an meine Stirn mit der Diagnose: Fieber. Und da war der Anruf fällig. Sie denkt bei diesen Symptomen immer gleich an Blinddarm.

Völlig hysterisch.

Mütter und ihre Einzelkinder.

Schrecklich.

Ich war bloß etwas aus dem Gleichgewicht.

War wohl alles ein wenig zu turbulent.

Bin schließlich eher ein geruhsames, um nicht zu sagen langweiliges Leben gewöhnt.

Und jetzt überschlagen sich die Ereignisse.

Unser alter Hausarzt hat es zum Glück gleich erkannt.

„Das ist die Pubertät!", hat er gesagt.

Meine Mutter hat ziemlich erschrocken geguckt. Als wär das eine bedrohliche Krankheit. Wie Aids oder so.

Mir hat er nur zugezwinkert und mir Fencheltee verordnet.

Wie früher, als ich noch in den Kindergarten gegangen bin.

Leonie Schubert hat mich verhext. Oder verzaubert? Jedenfalls ist nichts mehr so, wie es einmal war. Drei Kilo hab ich in dieser Woche abgenommen. Einfach so.

Ich hab bloß noch von der Luft gelebt.

Wie lange hält ein Mensch das aus?

Wenn das so weitergeht, dann brauch ich bald neue Hosen. Und kann vielleicht doch Model für knackenge Jeans werden.

Sie hat mich mal wieder gerettet.

Ich war gerade damit beschäftigt, ihre Sommersprossen zu zählen, da kam Robert Adler auf die Idee, mich die Vokabeln abzufragen. Zum Glück wurden vor der Schule gerade die Mülltonnen geleert, das ist immer wunderbar laut. So hat er nicht gehört, dass Leonie mir die Vokabeln zugeflüstert hat.

Leider hab ich nicht alle verstanden. Aber zu einer Drei hat es dann doch noch gereicht.

Leonie Schubert hat keine Probleme.

Sie ist einfach gut. In allen Fächern. Sogar in Sport. Das ist irgendwie ungerecht.

„Wenn du willst, kann ich mit dir üben!", hat sie heute gesagt.

Ihr ist natürlich nicht entgangen, dass Maximilian Mühlemeier eher ein schulischer Problemfall ist. Nachhilfe hab ich bis jetzt immer abgelehnt. Obwohl mir meine Mutter ständig damit in den Ohren liegt. Bis jetzt konnte ich mich vor ihren Angeboten erfolgreich schützen.

Bei Leonies Angebot hab ich sofort zugeschlagen.

Sofort. Ohne auch nur eine Sekunde zu zögern.

„Soll ich zu dir kommen?"

Und da fing es an seltsam zu werden.

Ihre weiße Schneewittchenhaut verfärbte sich plötzlich rot.

„Bei mir geht's im Moment nicht!", hat sie gesagt.

„Und warum nicht?", hab ich munter weitergefragt.

„Bitte frag nicht!", hat sie gesagt.

Da hat mich der Schlag getroffen.

Dieser Satz hat irgendwas kaputtgemacht.

Einen Faden durchgeschnitten.

Mich abgehängt.

Bleib mir bloß von der Pelle.

Komm mir nicht zu nah.

Ich kam mir plötzlich wie der dämlichste Trottel vor.

Und ich hätte heulen können.

„Mit dir hat das nichts zu tun, Max! Echt nicht! Aber ich kann's dir nicht sagen. Bitte frag nicht!"

Kein Wunder, dass ich krank werde, oder?

„Mit dir hat das nichts zu tun!"

Er tröstet mich nicht, dieser Satz.

Plötzlich ist alles anders.

Ich sitze da wie ein geprügelter Hund.

„Bitte frag nicht!"

Was muss sie verstecken?

Was kann so geheim sein, dass ich es nicht erfahren darf?

Keine Ahnung.

Aber er hat mich fertig gemacht, dieser Satz.

So fertig, dass ich jetzt krank im Bett liege und der Arzt geholt werden musste.

Warum lass ich mich bloß so fertig machen?

Von ihr! Leonie Schubert!

Wer ist sie?

Eine Hexe?

Oder was?

Egal!

Ab sofort existiert sie nicht mehr für mich.

Ab sofort setze ich nur noch alles auf die eine Karte: Australien!

Montag, 26. August, 18.00 Uhr, auf dem Sofa, Absturz: von Wolke sieben in das unterste Parkdeck der Tiefgarage

Erst heute bin ich wieder in die Schule gegangen.
Am liebsten hätte ich nie wieder einen Fuß in diesen
Kasten gesetzt. Am liebsten wär ich sofort ausgewandert. Aber das geht eben doch nicht so schnell. Papa
hat immer noch kein Faxgerät gekauft. Er sucht immer
noch nach dem Supersonderangebot.
Und das kann dauern ...

Ich hatte mir geschworen, nie wieder ein Wort mit Leonie Schubert zu reden. Nie wieder.
Ich betrat die Klasse wie Django persönlich. Kopf hoch, Django
Nase nach vorn, überragte meine Mitschüler, die klei- *cooler, derber*
nen Zwerge, glatt um zwei Köpfe. *Westernheld*
Ich ging zu meinem Platz. Cool wie ein Westernheld.
In diesem Augenblick glaubte ich das erste Mal echt an
meine schauspielerischen Talente.
Maximilian Mühlemeier als Cowboy, Gangster, Sheriff
... Nicht die übelste Vorstellung.
Sie saß schon auf ihrem Platz.
Und starrte in ihr Englischbuch.
Ich näherte mich mit festem Stiefeltritt.
Und der Westernheld verzauberte sich in Sekundenschnelle in Maximilian Mühlemeier.
Leonie Schubert trennte sich von ihren englischen Vokabeln und schaute mich an.

Mitten ins Gesicht.

Mit diesen schwarzen braunen Augen. Die ich nicht aushalte.

Heute war kein Lachen in ihrem Blick. Bloß so eine verdammte traurige Trauer.

Irgendwie war ich froh, dass ich wieder Maximilian Mühlemeier war.

Auf meinem Platz lag ein Känguru.

Ein Radiergummi, neu und unbenutzt.

Ich hab ihr letzte Woche von Australien erzählt.

„Nimmst du mich mit?", hat sie gesagt.

Ob Tims Eltern gleich zwei Kinder adoptieren würden, konnte ich ihr leider nicht versprechen.

Aus Maximilian Mühlemeier wurde ein stummer Fisch. Viel lieber noch wär er im Erdboden versunken, aber das hat er mal wieder nicht hingekriegt.

Das Känguru hat mich die ganze Englischstunde lang angestarrt – mit dem gleichen traurigen Blick aus schwarzbraunen Augen.

Da hab ich eine Fünf kassiert, weil ich den verdammten Text nicht übersetzen konnte.

In den Pausen bin ich immer gleich aufs Klo gerannt. Ich wusste einfach nicht, was ich mit ihr reden sollte.

Nach der letzten Stunde hat sie ganz schnell ihre Tasche gepackt.

Und dann war sie weg.

Ich war der Letzte.

Das Klassenbuch lag noch auf dem Pult.

Sie hatte vergessen, es ins Sekretariat zu bringen.

Ja, und dann kam der nächste Schlag.

Ich wollte einfach bloß wissen, in welcher Straße sie wohnt. Wollte vielleicht mal vorbeigehen. Vielleicht hätte ich dann verstanden, warum ich nicht zu ihr gehen kann.

Hatte schon die wildesten Ideen im Kopf.

Wo kann sie wohnen?

In einem Abrisshaus? Im Aussiedlerheim?

Oder in irgendeiner anderen nicht gerade vorzeigbaren Behausung? Mir wär das alles egal gewesen. Sie hätte von mir aus auch im Zelt oder in einer Baracke wohnen können.

Bloß wissen wollte ich es.

Aber ich hab es nicht rausgekriegt.

Hinter ihrem Namen stand keine Straße wie bei allen anderen in meiner Klasse.

Hinter Leonie Schubert stand Postfach 6281.

Ja, das war echt ein Schlag.

Was bedeutet das?

Beim Mittagessen hab ich mal wieder nichts runtergekriegt.

Meine Mutter war schon nahe dran, ihren Job wieder aufzugeben. Sie glaubt echt, dass ich darunter leide, dass sie jetzt arbeitet und sich nicht mehr den ganzen Tag um ihren kleinen Jungen kümmern kann.

So ein Quatsch.
Wenn sie wüsste …

Ganz zittrig bin ich am Nachmittag mit der U-Bahn in
meine Theatergruppe gefahren. Den Westernhelden
hab ich nicht hingekriegt. Aber ich hab mir fest vorgenommen, in Zukunft daran zu arbeiten.
Ich war der Erste.
Markus hat mir wieder seine Bärenpranke auf die
Schulter gelegt. Und gesagt: „Schön, dass du gekommen bist!"

Da rückte ich dem Westernhelden gleich wieder näher.
Aber heute waren andere Helden angesagt.
Der Held in Warteposition.
„Stellt euch vor, ihr müsst ganz dringend telefonieren.
Ihr habt kein Handy dabei und steht vor einer Telefon-
zelle, die ist besetzt, und der Typ, der die Leitung blo-
ckiert, sieht so aus, als hätte er sich auf ein gemütliches
Stundengespräch eingestellt!"

Ich warte auf meinen Auftritt. Mein Herz rast. Meine
Hände sind feucht. Darf ein Schauspieler so aufgeregt
sein wie ich? Wie viel Lampenfieber ist erlaubt?

Aber vielleicht hab ich auch ein ganz anderes Fieber …
Mein Blick wandert ständig zur Tür, wandert zur Uhr.
Leonie Schubert ist immer noch nicht da.
Hat sie sich wieder abgemeldet?
Oder was ist passiert?

„Max, wir warten auf deinen Auftritt!", sagt Markus.

Ich verjage Leonie Schubert aus meinem Hirn.

Ja, ich muss ganz dringend telefonieren.

Und die blöde Kuh, eine dieser zukünftigen Serien-
heldinnen aus „Gute Zeiten, schlechte Zeiten", blo-
ckiert jetzt die Leitung mit ihrem Liebesgeflüster. Hat
wohl gerade mal wieder einen neuen Typen aufgeris-
sen ... So einen Leonardo DiCaprio.

Erster Versuch:	Ich klopfe freundlich an die Tür. Sie redet weiter. Mit schmachtendem Blick.
Zweiter Versuch:	Ich klopfe weniger freundlich, aber heftiger. Sie dreht sich kurz um, re-det weiter. Kriecht fast in den Hö-rer.
Dritter Versuch:	Ich reiße die Tür auf. „Es tut mir leid, dass ich Sie stören muss, aber es ist dringend. Ein Notfall. Können Sie mal kurz ihr Gespräch unterbre-chen?" Sie schüttelt den Kopf.
Vierter Versuch:	Ich öffne die Tür und nehme ihr den Hörer aus der Hand.

Rambo hat zugeschlagen. Ich wundere mich über meine Entschlossenheit. Aber was anderes wär mir nicht
eingefallen. Diese blöde Kuh, diese Susanne, hätte
freiwillig den Hörer niemals hergegeben. In tausend
Jahren nicht.

*Rambo
brutaler Held
aus einem
Actionfilm*

Markus grinst.

„Für den Anfang nicht schlecht!"

Aber eigentlich hatte ich überhaupt nicht vor, Arnold Schwarzenegger Konkurrenz zu machen.

Da geht die Tür auf.

Und ich danke dem Himmel und dem, der für ihr Erscheinen zuständig ist.

Leonie Schubert entschuldigt sich für die Verspätung.

Warum kommt sie erst jetzt?

Ich glaube, dass Leonie Schubert eher ein pünktlicher Mensch ist.

Aber ich jage jetzt all die in mir nagenden Fragen zum Teufel.

Ich werde nicht mehr fragen.

Nie wieder.

Ihr Geheimnis hat mit mir nichts zu tun. Hat sie gesagt.

„Danke für das Känguru!", sage ich. Mit mäßigem Lampenfieber. Dass es mich jetzt ständig begleiten wird, in meiner Hosentasche, das sage ich nicht.

Markus gibt uns eine neue Aufgabe.

Maximilian Mühlemeier, der Kunde, will sich ein blaues T-Shirt kaufen.

Leonie Schubert, die Verkäuferin, hat keine blauen im Angebot. Sie will aber unbedingt etwas verkaufen ...

Natürlich hätte ich mich gleich wieder verabschieden können, verabschieden müssen, ein rotes T-Shirt kann ich wirklich nicht gebrauchen ...

Aber ihrem Lächeln kann ich einfach nicht widerste-

Arnold Schwarzenegger erfolgreicher Bodybuilder mit anschließender Filmkarriere; später auch amerikanischer Politiker

hen ... ich verlasse ihren Laden mit einem gelben
Sweatshirt, grünen Socken, Boxershorts mit Bären-
muster und einem roten T-Shirt.
Ich werde Leonie Schubert meinem Vater empfehlen.
Zur Steigerung der Absatzzahlen.

Dann sind die zwei Stunden vorbei. Viel zu schnell. Mit
Leonie Schubert hätte ich mich auf jedes Rollenspiel
eingelassen.

Wir sind die Letzten. Leonie Schubert und ich.
Wir stehen noch im Foyer. Ich frage sie, ob sie auch die
U-Bahn nimmt wie ich.
Aber sie schüttelt den Kopf.
Ich verbiete mir die Frage „ Und warum nicht?".
Verordne mir stattdessen ein cooles „Dann bis morgen!".

Ja, und morgen werde ich alles wissen.
Ich hab einen Plan.
Ziemlich genial.
Bin echt stolz auf mich.
Morgen werde ich sie verfolgen.
Dann weiß ich wenigstens, wo sie wohnt ... und warum
sie dieses geheimnisvolle Getue braucht.

Mit diesem Entschluss geht es mir erst mal ziemlich
gut. Trotzdem brauch ich mein Wärmflaschenschaf
zur Beruhigung, damit ich nicht die ganze Nacht wach
liege ...

Dienstag, 27. August, 15.00 Uhr, auf der Terrasse, dreißig Grad im Schatten, die Füße im kalten Wassereimer

Die frische Luft tut mir gut.

In meinem Zimmer würde ich es jetzt nicht aushalten.

Ich würde wahrscheinlich ersticken oder so.

Meine Jeans fällt mir bald von den Hüften.

Konnte heute Mittag schon wieder keinen Bissen run- 5
terkriegen. Wenn das so weitergeht, dann bin ich bald
so schlank wie meine Mutter. Einerseits findet sie das
ja gut, ich bin schon ziemlich nah dran, ihrem Schön-
heitsideal zu entsprechen. Andererseits guckt dieses
Muttertier auch wieder hochgradig besorgt. 10

„Was ist bloß los mit dir, Max?"

Sie befürchtet den Beginn einer Magersucht.

Zum Glück bin ich jetzt allein.

Mein Vater in seinem Supermarkt.

Meine Mutter in ihrer Boutique. 15

Maximilian Mühlemeier hat erfolgreiche Detektivarbeit geleistet. Aber das Geheimnis ist immer geheim-
nisvoller geworden. Und es ist alles ganz anders gewesen, als ich es mir vorgestellt habe.

Ziemlich wahnsinnig anders. 20

Und jetzt steh ich ziemlich ratlos vor meinen Neuig-
keiten.

Ich war gut ausgerüstet.

Hab mein Fahrrad mitgenommen, hatte ja keine Ahnung, wo ich landen würde.

Ja, und dann bin ich ihr tatsächlich nachgeschlichen.

War ziemlich aufgeregt.

Ich durfte mich schließlich nicht entdecken lassen.

Ihr Geheimnis ist ihr schließlich mehr als heilig.

Und mir war auch nicht ganz wohl bei meiner Spionage.

Tief in mir nagte mein schlechtes Gewissen.

Trotzdem, ich musste es tun.

Zum Glück ging sie zu Fuß.

Gut für mich und mein Fahrrad.

Sie ging ziemlich schnell. So als hätte sie es furchtbar eilig.

Ab und zu hat sie sich umgedreht.

Das fand ich komisch.

Hat sie gemerkt, dass jemand sie verfolgt?

Anfangs konnte ich mich noch in Hauseingängen verstecken, an Schaufensterscheiben stehen bleiben, aber dann bog sie plötzlich in einen Waldweg ein.

Das fand ich seltsam.

Der Waldweg war total einsam. Kein Mensch war um diese Zeit unterwegs. Keine Mutter mit Kind, keine Oma mit Hund.

Irgendwie unheimlich.

Der Abstand zwischen uns war groß. Zweihundert Meter vielleicht. Ich wollte kein Risiko eingehen.

Eher noch das Risiko, sie zu verlieren, als das Risiko, von, ihr entdeckt zu werden.

Dann tauchte plötzlich eine hohe Mauer auf. Und auf
einmal – war sie verschwunden.

Wie vom Erdboden verschluckt.

Ich habe ein paar Minuten gewartet.

Mit Herzklopfen bis zum Hals.

Dann hab ich mich aufs Rad gesetzt und bin langsam
näher gefahren.

Ja, und dann stand ich davor.

Vor einer hohen Mauer. Obendrauf Stacheldraht.

Ein Eisentor. An der Gegensprechanlage kein Name.

Hinter der Mauer versteckt eine große gelbe Villa.

Ziemlich nobel.

Ja.

Kein Abrisshaus, kein Aussiedlerheim. Kein Zelt. Keine Baracke. Eine gepflegte Villa.

„Bitte frag nicht!"

Warum soll ich nicht fragen?

Schämt sie sich etwa, weil sie in einer Villa lebt und
nicht in einem Reihenhaus?

Die Mauer ist hoch. So hoch, dass ich keine Chance
hab rüberzuschauen. Wie eine Festung liegt dieses
Anwesen vor mir. Und was spielt sich da ab, jenseits
der Mauer?

Es ist still. Keine Geräusche, keine Stimmen. Seltsam.

Wer ist Leonie Schubert?

Sie ist anders als andere. Irgendwie besonders. Das
schon.

Aber das hat nichts mit Häusern zu tun.

Ich hätte auch eher ein normales Mietshaus vermutet.
Eine Villa passt irgendwie nicht so ganz zu ihr.
Leonie Schubert macht nicht den Eindruck, als wär ihr
Vater Millionär, eine berühmte Persönlichkeit oder so.
Sie trägt ganz normale Klamotten. Keine Edelmarken
aus dem Designerladen. Eher das preisgünstige Ange-
bot von H & M. Sie erzählt auch nichts von Reitpfer-
den, von Segeljachten und einem Sommerhaus in der
Toskana ... Sie macht auf mich eher einen schlichten
Eindruck.
Aber das ist vielleicht alles nur Tarnung.
Leute mit Geld werden schließlich ständig entführt
oder erpresst. Deshalb wäre es schon klüger, das, was
man hat, zu verstecken. Ist es das?
Maximilian Mühlemeier wird nicht mehr fragen.
Das nicht.
Aber er wird alle Energien mobilisieren, um herauszu-
finden, was jenseits der Mauer passiert.

Ab sofort werde ich mehrmals täglich meinen Beobach-
tungsposten einnehmen. Ich hätte nie gedacht, dass
mein neues Fahrrad so schnell die Gelegenheit bekommen würde, bewegt zu werden.

Am selben Tag, 19.00 Uhr, auf dem Sofa, der Magen knurrt, aber keine Lust auf Schokolade, deshalb grüner Apfel statt lila Kuh

Wenn überhaupt ein Sport, dann Radfahren.

Und wenn ich früher mit dem Training angefangen hätte, dann wär vielleicht doch noch ein Radprofi aus mir geworden.

Aber ich habe noch ganz andere ungeahnte Qualitäten entdeckt. Es fehlt nicht mehr viel und ich mache James Bond Konkurrenz. Und dazu brauch ich keinen Hubschrauber, keinen Sechszylinder in der bondmäßigen Spezialausrüstung. Nein. Bloß mein schlichtes Citybike aus dem Supermarkt meines Vaters.

Jetzt tut mir der Hintern weh.

Kein Wunder.

Habe schließlich meine Pomuskeln noch niemals so herausgefordert. Zwei Stunden lang hab ich auf meinem Rad gesessen und meine Runden gedreht. Immer an der Mauer entlang. Antennen ausgefahren. Augen und Ohren auf Empfang.

Zwei Stunden lang.

Das Ergebnis:

Interessant. Mehr als interessant.

Obwohl meine Augen auf ihrer Erfolgsskala nichts verzeichnen konnten, was wichtig gewesen wäre. Mein Beobachtungsobjekt bot zunächst nichts. Absolut nichts.

Nur auf den Waldwegen herrschte Hochbetrieb.

Pinkelnde Hunde an Leinen, quengelnde Kinder in Wagen, verliebte Paare, Hand in Hand, Omas mit grauen Locken im Dreierpack. Das Übliche eben. Nichts Sensationelles.

Zwischen sechzehn und achtzehn Uhr verließ kein einziger Mensch das Dornröschenschloss. Und es gab auch niemanden, der es betreten wollte.

Erfolg hatten nur meine Ohren.

Und was die registrierten, das war höchst interessant.

Jenseits der Mauer war einiges los.

Und das, was ich hörte, überraschte mich sehr.

Leonie Schubert war nicht allein.

Leonie Schubert war kein Einzelkind so wie ich. Nein.

Leonie Schubert war Mitglied einer kinderreichen Familie. Das jedenfalls sagten mir meine Ohren.

Tobias, Torsten, Marco, Manuel, Hanna ...

Diese Namen schwappten immer wieder über die Mauer.

Sie haben Fußball gespielt.

Zwei Stunden lang. Ohne Pause.

Hat sie nicht mitgespielt?

Kein einziges Mal hab ich den Namen Leonie gehört.

Das fand ich seltsam.

Und immer wieder kam mir dieser Satz in die Quere.

„Bitte frag nicht!"

Warum nicht? Verdammt ...

Welches Geheimnis verbirgt sich jenseits der Mauer?

Ich kann nicht begreifen, warum ich nicht fragen soll.

Jedes Mal denke ich wieder, dass es doch mit mir zu tun hat. Ich bin zu dick, zu dumm, vielleicht zu arm ...

Und vielleicht, diesen Gedanken fand ich ganz unerträglich, sind es gar nicht ihre Geschwister, die Fußball gespielt haben, vielleicht sind es ihre besonderen Freunde? Egal.

Ich lass mich jetzt nicht runterziehen.

Auswandern kann ich schließlich immer noch.

Und bis jetzt ist überhaupt nichts sicher.

Heute war schließlich erst der erste Tag meines großen Lauschangriffs.

Und ich kann mit meinen Recherchen eigentlich ganz zufrieden sein.

Ich weiß, wo sie wohnt.

Das große Geheimnis hab ich also schon entdeckt.

Und ich werde nicht aufgeben. Noch nicht ...

Bin gespannt, was das Geisterhaus morgen zu bieten hat.

Mittwoch, 28. August, 15.37 Uhr, in der Hängematte Stöpsel im Ohr, mit der Stimme von Celine Dion: „My heart will go on!"

Ich glaube, sie mag mich.

In der Deutschstunde hat sie mir ihr Diktatheft rübergeschoben. Sie hat keine Probleme mit der Rechtschreibung.

„Sollen wir für die Englischarbeit üben?", hat sie in der Pause gefragt. Wenn das kein Beweis ist!

Am Freitag kommt sie zu mir.

In mir nagt das schlechte Gewissen.

Aber ich hab's trotzdem getan.

Ich musste es tun.

Nach der Schule bin ich ihr wieder nachgeschlichen.

Ich hatte nämlich einen höchst seltsamen Traum in der letzten Nacht.

Ich träumte, dass sie gar nicht in der gelben Villa wohnt.

Vielleicht hat sie bloß jemanden besucht?

Das musste ich überprüfen.

Und das hab ich getan.

Bin ihr nachgeschlichen wie gestern schon.

Ihr Weg war der gleiche.

Sie verschwand in der gelben Villa.

Ist das der endgültige Beweis?

Mittwoch, 28. August, 21.00 Uhr, auf dem Sofa, nur in Boxershorts, blauweiß gestreift, der Bauch inzwischen ziemlich flach

Meine Mutter hat es tatsächlich geschafft, meinen Vater in die Sauna abzuschleppen.
Das hat sie so glücklich gemacht, dass sie mir eine Tafel Schokolade spendiert hat.
Ja, sie findet, dass ich mir bei meiner aktuellen Figur durchaus mal eine Kalorienbombe leisten darf.
Maximilian Mühlemeier hat sich verändert.
Das Gummibärchen-Orakel hat gehalten, was es versprochen hat. Beides ist angekommen.
Energiekick und wachsendes Selbstvertrauen.
Und: Mein Lauschangriff vom Nachmittag hat mir neue Fakten geliefert. Eindeutige allerdings nicht.

Eine halbe Stunde lang bin ich erfolglos den Waldweg rauf- und runtergefahren. Nichts. Nur das Übliche. Spaziergänger mit und ohne Hund. Mit und ohne Kind.
Dann endlich! Um 17.49 Uhr näherten sich zwei Frauen.
Und die machten mit Sicherheit keinen Spaziergang.
Die schleppten Einkaufskörbe und Einkaufstaschen.
Und gingen zielstrebig auf die hohe Mauer zu.
Erreichten das Eingangstor, drückten auf den Klingelknopf, flüsterten irgendein Zauberwort. Und dann – wie von magischer Hand geführt – öffnete sich das geheime Tor. Und sie verschwanden.

Zwei Frauen um die dreißig.

Nicht besonders auffällig.

Vielleicht die Hausangestellten?

Putzfrau und Köchin?

Maximilian Mühlemeier steht ziemlich ratlos vor seinen Beobachtungen.

Aber aufgeben wird er nicht.

Und zur Belohnung stopft er sich jetzt die ganze Tafel Schokolade in den Mund.

Donnerstag, 29. August, 20.10 Uhr, an meinem Schreibtisch, „My heart will go on!" heute ohne Stöpsel, die Anlage voll aufgedreht

Heute habe ich zum ersten Mal darüber nachgedacht, ob ich den Gutschein einlösen soll. Haardesigner Romano soll ein echter Künstler sein. Der Geheimtipp in unserer Stadt.

Aber ich bin noch unentschlossen. Was heißt „Überraschungsfrisur"? Blaue und grüne Haare? Schädel glatt rasiert? Ob Maximilian Mühlemeier das riskieren würde?

Seit ich denken kann, hat mir meine Mutter die Haare geschnitten. Bis jetzt fand ich das in Ordnung. Bis jetzt. Neuerdings ertappe ich mich dabei, dass ich öfter vor dem Spiegel steh. Nach Pickeln fahnde. Und darüber nachdenke, ob Maximilian Mühlemeier irgendetwas anzubieten hat, was Leonie Schubert attraktiv finden könnte. Ein Romeo bin ich zwar immer noch nicht und ein Leonardo DiCaprio kann ich in diesem Leben auch nicht werden.

Ich bin eben ein anderer Typ. Erblich belastet. Meine Vorfahren waren Bauern. Kräftige Typen. Daran kann ich nichts ändern. Also suche ich im Spiegel nach Schönheitsspuren meines ganz besonderen Typs.

Meine Augen zum Beispiel. Dunkelblau. Wirklich nicht übel. Die Haare blond. Die Zähne gerade. Die Haut noch ziemlich makellos. Keine Pickel, kein sprießender Bart. Noch braun von der Sonne.

Meckern wäre echt unfair.

Also verordne ich mir, zufrieden zu sein.

Und weiter an meiner Schönheit zu arbeiten.

Seit ein paar Tagen steh ich jedenfalls viel länger unter der Dusche als sonst. Benutze sogar Duschgel. Pro Duschgang eine halbe Tube. Ob das reicht?

Und Zähneputzen?

Könnte fast zu meiner Lieblingsbeschäftigung werden.

Die aktiv pflegende medizinische Zahncreme mit zusätzlichem Kariesschutz und frischer Minze gegen Mundgeruch wandert mehrmals am Tag in dicken Würsten auf meine Zahnbürste.

Und heute früh habe ich mir sogar Papas Parfüm hinter die Ohren gekippt.

War wohl eine Ladung zu viel.

Meine Mutter hat ziemlich seltsam geguckt.

Bis jetzt fand Maximilian Mühlemeier Seife und Duschgel überflüssig.

Morgen wird sie kommen.

Leonie Schubert! Schneewittchen!

Ich bin aufgeregt. So aufgeregt, dass ich mal wieder nichts essen kann.

Ich habe sogar mein Zimmer aufgeräumt.

Ganz freiwillig. Das erste Mal in meinem Leben.

Als Detektiv bin ich wohl doch nicht so geeignet.

Mein Lauschangriff heute Nachmittag hat mir neue Fragen aufgehalst.

Vor der Mauer stand heute ein Streifenwagen.

Zuerst hat mich die Panik gepackt.

Was ist passiert?

Erst letzte Woche haben sie mal wieder einen entführt.

Einen der reichsten Männer Deutschlands.

Aber die beiden Polizisten in der grünweißen Kiste sahen nicht so aus, als wäre die große Panik angesagt.

Als wäre Leonie Schubert gerade entführt worden oder so.

Bloß: Warum standen sie mit ihrem Wagen mitten auf dem Waldweg, direkt vor der Mauer? Eine halbe Stunde lang.

Jetzt schau ich mir mit Papa einen „Tatort" an.

Eigentlich mag ich keine Krimis.

Aber vielleicht bekomme ich einige Tipps für meine weiteren Ermittlungen.

Freitag, 30. 8., 22.05 Uhr, im Bett, mal wieder Fencheltee zur Beruhigung

Gerade hat meine Mutter mein Zimmer verlassen.
Sie ist beleidigt.
„Wie sprichst du mit deiner Mutter, Max? So kenne ich dich gar nicht!"
„Ich will jetzt schlafen!", hab ich gesagt.   5
„Könnte es sein, dass dieses Mädchen einen schlechten Einfluss auf dich hat?"
Da hab ich das Licht ausgemacht.
Und meine Mutter ist gegangen. Ohne Gute Nacht zu sagen. Das erste Mal.   10

Das erste Mal, dass mich ein Mädchen besucht hat.
Ich hatte Mühe, mich auf die blöde englische Grammatik zu konzentrieren.
Direkte und indirekte Rede standen vor meinem Hirn und verweigerten den Zutritt.   15
Ich musste sie ständig anschauen. Ich konnte nicht anders. Was ist das? Magie oder was? Sie ist einfach wunderschön ...
Trotzdem. Ganz glücklich war ich nicht.
„Bitte frag nicht!"   20
Dieser blöde Satz stand immer noch zwischen uns.
Sie hat nichts von sich erzählt.
Das tat irgendwie weh.
Aber ich hab mich an die Abmachung gehalten.
Und weil ich die Stille zwischen uns nicht aushalten   25

konnte, habe ich die ganze Zeit geredet. So kenne ich
mich eigentlich nicht. Ich hab mich selbst über mich
gewundert.
Zwischendurch hab ich mich gefragt, ob sie sich nicht
schrecklich langweilt.
Als Talkmaster ist Maximilian Mühlemeier wirklich
nicht geeignet. Aber ich glaube, sie hat sich wohl gefühlt. Sie hat sich auf das lilaschwarz gestreifte Sofa
gelegt, das Wärmflaschenschaf unter dem Kopf, sie hat
dieses ganz besondere Lächeln gelächelt und kein einziges Mal gegähnt oder auf die Uhr geschaut.

„Es ist gemütlich bei dir!", hat sie irgendwann gesagt.
„Wenn du willst, dann komme ich öfter!"
Diese Sätze von ihr!
Ich war gerade dabei, von der Erde abzuheben. Um
mich auf Wolke sieben niederzulassen, da stand plötz-
lich meine Mutter im Zimmer. Warum so früh?
Sie starrte auf Leonie Schubert, durchlöcherte sie mit
ihren Blicken und sagte kein Wort.
Der Damenbesuch auf der Couch hat ihr die Sprache
verschlagen, und zwar komplett.
Nach einer Weile stand Leonie auf. Sie lächelte ihr zau-
berhaftes Lächeln, sie ging meiner Mutter entgegen,
gab ihr die Hand und sagte: „Guten Tag, ich bin Leonie
Schubert!"
Meine Mutter sagte noch immer nichts.
„Ich geh dann wohl mal!"
Leonie packte ihre Bücher und Hefte ein.
Da schnallte meine Mutter endlich, dass hier eine
Nachhilfestunde stattgefunden hat. Mehr nicht.
Sie sollte nicht gehen. Jetzt noch nicht.
Sich nicht so einfach von meiner Mutter vertreiben
lassen ...
Bis jetzt war mein Zimmer einfach nur ein Zimmer ge-
wesen. Mehr nicht.
Seit Leonie den Raum betreten hat, war es plötzlich
mehr.
Ich war ziemlich durcheinander.
„Bitte bleib!", sagte ich.
Und wunderte mich über meinen Mut.
Meine Mutter war scheinbar festgewachsen.

Warum ging sie nicht endlich?

Ich hab mich nicht getraut, sie einfach rauszuschicken.

Hatte auf einmal totale Panik, dass sie jeden Moment anfangen könnte, peinliche Fragen zu stellen.

In ihrem Gesicht rumorte es schon.

Ja, und ich konnte es nicht verhindern.

„Gehst du mit Max in die gleiche Klasse?"

Leonie hat genickt.

Ihr Gesicht bekam plötzlich einen starren Ausdruck.

Das war der Anfang.

Meine Mutter würde weiterfragen.

Das spürte ich.

„Wohnst du in der Nähe?"

Da war sie schon, diese ganz besondere Frage.

Verdammt.

Das blasse Gesicht von Leonie verfärbte sich rot.

Um ihrem Mund zuckte es leicht.

„Mensch Mama!"

Ich war plötzlich sauer.

Ich setzte alles auf die eine Karte.

Leonie Schubert.

Ich wollte sie schützen.

„Ist doch egal, wo sie wohnt, oder?"

Meine Mutter guckte erschrocken.

Ja, so kannte sie ihren lieben Jungen noch nicht.

Dann ist sie endlich gegangen.

Leonie ist bis um acht geblieben.

Ich hätte sie gerne ein Stück begleitet.

Schade.

Wird das jetzt ewig so weitergehen?
Ich glaube nicht, dass ich das noch lange aushalten kann.

Ja, und gerade ist meine Mutter gekommen.
Sie hat sich auf mein Sofa gesetzt, auf diesen heiligen Platz, und gesagt:
„Wer ist dieses Mädchen?"
„Warum musst du das wissen?"
„Weil es mich interessiert!"
„Ich finde, du musst nicht alles wissen!"
„Muss sie sich verstecken, oder was?"
„Vielleicht!"
Sie ist beleidigt.
„Wie sprichst du mit deiner Mutter, Max? So kenne ich dich gar nicht!"
„Ich will jetzt schlafen!", hab ich gesagt.
„Könnte es sein, dass dieses Mädchen einen schlechten Einfluss auf dich hat?"
Da hab ich das Licht ausgemacht.
Und meine Mutter ist gegangen.
Ohne Gute Nacht zu sagen.

Samstag, 31. 8., 22.47 Uhr, auf dem Sofa, voll mit Kalorienbomben, mir ist sauschlecht

Gerade habe ich mir die Friedenspfeife meiner Mutter
reingestopft.
Eine ganze Tafel Schokolade.
In meiner Müslischale lag heute Morgen meine Lieb-
lingsmarke.
„Will versuchen, mir meine Neugier abzugewöhnen!",
hat meine Mutter gesagt. „Tut mir leid!"
Das fand ich echt stark von ihr.
Die Schokolade sollte mich eigentlich trösten.
Aber das hat sie nicht geschafft.
Dabei fing der Tag heute richtig gut an.

Meine Mutter hat mir eine neue Jeans gekauft.
Zwei Nummern kleiner als die letzte. Ein echter Erfolg
also.
Mein Vater war weniger erfolgreich. Er wollte endlich das Faxgerät kaufen. Wir haben alle Mediamärkte
abgeklappert, aber das optimale Modell hat er immer
noch nicht gefunden.
Heute Morgen war mir das ziemlich egal.
Heute Morgen war Australien total weit weg.

Aber jetzt könnte ich es gut gebrauchen.
Lange halte ich das Chaos in mir alleine nicht mehr aus.
Wär einfach gut, mit jemandem zu reden.
Mit Tim am anderen Ende der Welt. Zum Beispiel.

Meine Recherchen vom Nachmittag haben ziemlich an meinem Glück genagt.

Bin erst mal abgestürzt.

Von Wolke sieben runter auf den Boden. Und der ist hart.

Ich bin voll Wut, Trauer, Enttäuschung.

Und jetzt sitze ich hier vor meinem Tagebuch mit der Frage: „Warum hat sie mich nicht eingeladen?"

Jenseits der Mauer gab es heute Nachmittag nämlich ein großes Fest.

Sah nach Geburtstag aus.

Bevor ich jetzt komplett durchdrehe, warte ich bis Montag.

Da muss ich im Klassenbuch nach ihrem Geburtsdatum fahnden.

Trotzdem. Meine Beobachtungen haben mich ziemlich aus dem Gleichgewicht gebracht.

Mir war zum Heulen.

Aber ich habe die Zähne zusammengebissen.

Der Wald hätte heute fast wegen Überfüllung geschlossen werden müssen.

Es wimmelte bloß so von Spaziergängern, Kinderwagen, Hunden und Radfahrern.

Und jenseits der Mauer wurde gefeiert.

Im Park tobte mindestens eine ganze Schulklasse. Luftballons stiegen in den Himmel, der Geruch von Grillwürsten wehte über die Mauer.

Da bin ich abgehauen.

Was ist da los?

Warum versteckt sie sich?

Warum kann sie mir nichts erzählen?

Den Abend hab ich ganz gemütlich mit Papa vor dem Fernseher verbracht.

Mit Chips und Cola. Und mit der Sportschau.

Meine Mutter war in der Sauna.

Aber so gemütlich wie sonst ist es nicht gewesen.

Warum hat sie mich nicht eingeladen?

Verdammt.

Sonntag, 1. 9., 14.54 Uhr, auf meinem Sofa, mit gequetschtem Daumen, hab versucht, eigenhändig einen Platten zu reparieren

Die verdammte Frage hat die ganze Nacht an mir genagt. Und mir den Schlaf geraubt.

Vielleicht war es aber auch bloß der dicke fette Vollmond, der in mein Zimmer glotzte.

Um acht hab ich es nicht länger im Bett ausgehalten.

Normalerweise kriegt mich am Sonntag so schnell keiner aus dem Bett.

Aber Detektive geben erst Ruhe, wenn sie ihren Fall aufgeklärt haben. Also an die Arbeit.

Meine Eltern schliefen noch.

Überhaupt schien die ganze Stadt noch zu schlafen.

Bis auf ein paar pinkelnde Hunde, die ihre Besitzer vors Haus gezerrt haben, war niemand unterwegs.

Ja, und was ich dann, genau um 9.15 Uhr, vor der Mauer gesehen hab, das war schon echt so wie im Film.

Ein Mann – so um die dreißig vielleicht – schlich an der Mauer entlang.

In der Hand hielt er eine rote Rose.

Wirklich wie im Film.

Wer war das?

Der Geliebte der Mutter?

Dieser Fall ist ein paar Nummern zu groß für mich.

Ich bräuchte dringend einen Assistenten.

Aber keinen in Australien.

Am selben Tag, 21.00 Uhr, im Bett, war ein blöder Tag

Mehr konnte ich heute nicht rauskriegen.
Am Nachmittag sind wir zu Onkel Rainer gefahren.
Ich bin mit meinem Cousin Roland im Internet gesurft.
Stundenlang.
Das hat mich etwas abgelenkt.

Montag, 2. 9., 15.00 Uhr, an meinem Schreibtisch, Celine Dion brüllt mir ins Ohr: „My heart will go on!"

Heute früh dann endlich die Erlösung.
Der Blick ins Klassenbuch.
Leonie Schubert hat am 5. November Geburtstag.
Bin ich blöd. Warum bin ich nicht selbst drauf gekommen, dass ein anderer aus dieser Großfamilie Geburtstag gehabt hat?
Robert Adler betrat die Klasse.
Verteilte die Aufgaben für die Englischarbeit.
Mein Kopf war jetzt frei für die indirekte und direkte Rede.
So frei, dass ich kein einziges Mal auf Leonies Heft schauen musste. Und trotzdem das Gefühl habe, mindestens eine Vier geschafft zu haben.

„Ich kann heute nicht in die Gruppe kommen. Entschuldigst du mich bitte bei Markus?"
Sie hat mich angeschaut. Mir ihre Hand auf den Arm gelegt. Ganz lieb.
„Wenn du willst, können wir morgen Mathe machen!"

Und dann, es wird schon fast zum Zwang, bin ich ihr wieder nachgeschlichen. Wie immer nichts Auffälliges.
Es scheint jetzt klar zu sein. Sie wohnt dort.
Leonie Schubert wohnt jenseits der Mauer.

Dienstag, 3. 9., 14.47 Uhr, auf meinem Sofa, meine Hand zittert

Gleich wird sie kommen.

Wir wollen Mathe machen. Das auch. Aber ich hab ihr vorgeschlagen, um fünf ins Kino zu gehen.

Fand ich sehr gewagt, meinen Vorschlag. Ein „Nein" hätte ich nur sehr schlecht ausgehalten.

Aber sie hat gelächelt und gesagt:

„Tolle Idee!"

Ob ich mich traue, ihre Hand zu nehmen?

Dieser Gedanke macht mich total kribbelig.

Vielleicht nicht gleich beim ersten Mal ...

Aber nicht nur wegen des Kinos bin ich aufgeregt.

Ich habe eine Entdeckung gemacht, die mich beunruhigt.

Und ich frage mich ernsthaft, ob ich nicht mit ihr reden muss.

Ich habe Angst.

Aber wenn sie erfährt, dass ich ihr nachspioniere, ist vielleicht alles aus.

Sie wird nicht mehr mit mir reden.

Sie wird nicht mehr neben mir sitzen wollen.

Sie wird mich nicht mehr besuchen.

Und Kino ist dann sowieso nicht mehr drin.

Aber vielleicht muss ich sie warnen.

Heute Morgen hab ich den Mann wieder gesehen.

Den Mann mit der Rose.

Heute ohne Rose.

Heute schlich er nicht an der Mauer entlang.

Heute schlich er um die Schule herum.

Ich werde den Gedanken nicht los, dass hier die Entführung von Leonie Schubert geplant wird.

Keine Ahnung, wie lange meine Nerven diese Erkenntnisse noch durchhalten.

Nicht mehr lange, schätze ich.

Würde meine Geschichte im Fernsehen laufen, hätte ich schon längst abgeschaltet.

So viel Spannung ertrag ich normalerweise nicht …

Mittwoch, 4. 9., 21.36 Uhr, im Bett, das Wärmflaschenschaf auf dem Bauch, wie gut, dass es Fencheltee gibt

Noch halte ich durch ...

Verliere ein Pfund nach dem anderen. Meinem Body tut der Stress ganz gut.

Bloß meine Nerven, die sind kurz vor dem Zerreißen.

Leonies Nerven machen dagegen einen ausgeruhten Eindruck.

Sie ist konzentriert, freundlich, hilfsbereit.

Irgendwie ausgeglichen, auch wenn sie manchmal nachdenklich guckt.

Im Kino hat sie ab und zu die Hand auf meinen Arm gelegt.

Zum Abheben. Zum Abheben schön.

„Wir sollten das wiederholen!", hat sie gesagt.

Ja, das hat sie wirklich gesagt. Zu mir. Maximilian Mühlemeier.

Wenn das nicht die Krönung ist?

Bei meinen Recherchen heute gab es neue Fakten, aber auch neue Fragen. Am Nachmittag sah ich, wie sich das Tor öffnete und ein Kleinbus herausrollte. Fünf Kinder zwischen sechs und zwölf konnte ich identifizieren. Nur Leonie Schubert war nicht dabei.

Donnerstag, 5. 9., 22.35 Uhr, im Bett, mal wieder mit Fencheltee, wird langsam zur Sucht ...

Es ist spät. Eigentlich zu spät für jemanden, den der Wecker um sechs aus dem Bett wirft.

Aber mein Vater hat mich vor den Fernseher gelockt. Fußball ist zwar nicht so mein Ding, aber mein Vater erträgt die Niederlagen seiner Mannschaft am besten, wenn ich neben ihm sitze.

Dann spendiert er Chips und Cola.

Und wenn meine Mutter mit ihren Frauen unterwegs ist und uns in Ruhe lässt, ist es ganz gemütlich.

Heute hat die Mannschaft meines Vaters zwei zu fünf verloren. Mir ist es eigentlich egal, wer gewinnt oder verliert.

Aber meinem Vater zuliebe solidarisiere ich mich mit seinem Verein.

Heute hab ich vom Spiel überhaupt nichts mitgekriegt. Heute war ich mit meinen Beobachtungen vom Nachmittag beschäftigt.

Irgendwas braut sich da zusammen.

Irgendwas, was mir immer unheimlicher wird.

Und ich weiß immer noch nicht genau, was es ist.

Sieht so ein Entführer aus?

Ja, ich hab ihn wieder gesehen.

Diesen Mann.

Heute schlich er wieder an der Mauer entlang.

Heute ohne Rose.

Zweimal bin ich ganz nah an ihm vorbeigefahren.

Ich musste einfach mehr von ihm wissen.

Und was ich sah, hat mich noch verwirrter zurückgelassen, als ich es ohnehin schon war.

Er sieht nicht unsympathisch aus.

Im Gegenteil.

Ein wenig sogar so wie Tims Vater. Und den fand ich immer ganz toll. Etwa einsfünfundachtzig groß. Schlank, sportlich. Schwarze Haare, kurz geschnitten. Jeans und Lederjacke.

Aber ich kenn mich zu wenig aus mit Menschen.

Die Kriminellen in den Fernsehkrimis sehen auf den ersten Blick auch nicht immer unsympathisch aus.

Und dann gab es noch ein echtes Highlight heute.

Einen Satz von Leonie Schubert. Und der hat mich abheben lassen.

Obwohl ich mich zwischendurch auch frage, ob ich nicht geträumt habe. Oder so langsam verrückt werde ...

Also, wenn ich nicht spinne, wenn ich nicht einfach bloß durchgeknallt bin, dann hat Leonie Schubert heute Mittag nach der Schule folgenden Satz zu Maximilian Mühlemeier gesagt:

„Bald kannst du mich besuchen!"

Dabei hat sie mich angelächelt mit diesen schwarzbraunen Wahnsinnsaugen ...

Ganz besonders.

Keine Ahnung, ob ich jetzt schlafen kann.

Bin total durcheinander.

Freitag, 6. 9., 21.50 Uhr, auf meinem Sofa, im Ohr das siebte Mal „My heart will go on!"

„Bald kannst du mich besuchen!"
Dieser Satz beflügelt mich.
Auch wenn ich immer noch nicht weiß, warum erst „bald" und nicht jetzt sofort?
Ob sie gerade das Haus renovieren?
Heute habe ich zwei Lieferwagen vor der Mauer gesehen.
„Schreinerei Zimmermann" und „Malermeister Wunderlich".
Aber kann das wirklich der Grund sein?

Bald werde ich es wissen.
Sie wird mir alles sagen.
Das weiß ich jetzt einfach.

Papa hat sich endlich entschieden.
Und er hat es tatsächlich bestellt.
Das Faxgerät.
Meine Auswanderungspläne kann ich erst mal verschieben. Das erleichtert mich.
In Englisch hab ich eine Vier geschrieben.
Eine glatte. Ohne minus.
„Das kann nur besser werden, Max!", hat Leonie gesagt.
Leonie kann nicht besser werden.
Unter ihrem Heft stand eine Eins. Eine glatte.

Montag, 16. 9., 22.57 Uhr, im Bett mit alten Hausrezepten, Eukalyptusdämpfe in der Nase, Zwiebelwickel um den Hals, Salbeitee im Mund

Zwangspause.

Ich musste meine Detektivarbeit unterbrechen.

Lag krank im Bett.

Fieberkrank mit echtem Fieber.

Und vereiterter Mandelentzündung.

Wenn der Sommer sich verabschiedet, vergeht kein Monat, wo mich die Streptokokken nicht befallen.

„Bei der nächsten Attacke musst du unters Messer!",
hat mir unser Hausarzt heute mitgeteilt.

Selbst das Gift in den kleinen weißen Pillen hat keine Chance mehr.

Ich war noch nie im Krankenhaus.

Ob ich das aushalte?

Vielleicht, wenn Leonie mich jeden Tag besucht …

Heute hat sie mich besucht.

Nach der Theatergruppe ist sie einfach vorbeigekommen.

Ohne Voranmeldung.

Da hab ich gleich wieder weiche Knie gekriegt.

Diesmal nicht vom Fieber.

Nein, von diesen schwarzbraunen Augen.

Und von dem Geschenk.

Australien ist anscheinend nicht nur mein Thema.

Leonie hat auch nur noch Australien im Kopf.

Jedenfalls bei Geschenken.

Heute hat sie mir einen kleinen Koalabären aus Plüsch mitgebracht.

Der hat genauso schwarze Augen wie sie ...

Ja, und die Hausaufgaben. Die hatte sie auch in ihrem Rucksack.

„Du musst runter von den Vieren!", hat sie gesagt. Dabei hat sie nicht anders geguckt als meine Mutter bei diesem Thema.

Mist!

„Eine Mutter reicht mir eigentlich!", hab ich ihr ins Gesicht geschleudert.

Mir wurde schwindelig.

Das wird ein Rückfall, dachte ich ... Dabei wollte ich morgen eigentlich wieder in die Schule gehen ...

Mag sie mich etwa bloß dann, wenn ich bessere Noten habe?

Wenn ich so ein Überflieger bin wie sie?

„Mensch Max!"

Jetzt guckt sie wieder so wie Schneewittchen.

Nicht wie die böse Stiefmutter.

„Ich mein das doch ganz anders. Stell dir vor, du bleibst sitzen. Dann hocke ich ganz allein in der letzten Reihe. Ohne dich. Das würde ich nicht aushalten. Echt nicht."

Ja, und dann hat sie mich angeschaut. Und da wusste ich, dass sie mich auch mit Vieren mag.

Am 30. 9. hab ich Geburtstag.

Ich möchte Leonie einladen.

Nur sie.

Ich möchte mit ihr ins Kino gehen und anschließend in die Pizzeria. Wenn sie mag.

Deshalb muss ich morgen unbedingt wieder in die Schule.

Ich muss mir die vier Zahlen vom Postfach abschreiben ... damit ich ihr eine Einladung schicken kann.

Dienstag, 17. 9., 22.24 Uhr, im Bett, das gefüllte Wärmflaschenschaf auf dem Bauch, im Bauch zur Abwechslung Pfefferminztee

Das war ein Tag!
Ich bin völlig erledigt.
Nichts ist klar.
Alles wird unklarer.

Die erste Überraschung kam um Viertel vor acht.
Ich war der Erste. Holte das Klassenbuch im Sekretariat ab. Wollte ja in aller Ruhe die vier Zahlen des Postfachs abschreiben. Da traf mich der erste Schlag.
Zuerst hab ich gedacht, ich brauch 'ne Brille.
Ich such die verdammten Zahlen neben ihrem Namen.
Aber ich find sie nicht.
Die Zahlen sind durchgestrichen.
Neben ihrem Namen steht jetzt Uhlandstr. 12.
Da stand ich nun mit einem neuen Fragezeichen im Kopf.
Aber mein Entschluss stand fest. Der James Bond in mir brach wieder durch. Gleich nach der Schule würde ich mir die Uhlandstr. 12 anschauen.
Meine Aufregung hab ich runtergeschluckt.
Aber Leonie hat irgendwas gemerkt.
„Warum bist du so nervös heute?"
Zum Glück hat sie sich weiter nicht um mich gekümmert.

Leonie Schubert war heute besonders gut drauf.

Sie wusste mal wieder auf jede Frage eine Antwort.

Schien ihr sogar Spaß zu machen, die direkte in die indirekte Rede zu verwandeln.

Beneidenswert. Echt.

Ja, und in der großen Pause kam dann der zweite Schlag.

Sie reichte mir ihre Butterdose mit Diätfutter, Möhren, Äpfel und Nüsse, und sagte, noch mit dem letzten Bissen im Mund:

„Hast du Lust, mich nächste Woche zu besuchen? Wie wär's mit Mittwoch?" Dabei hat sie mir ein schwarzbraunes Lächeln geschickt. Ein ganz besonderes. Eins, das meine Knie wackelig werden lässt, das mich in den Fieberzustand versetzt, das mich da trifft, wo das Herz sitzt.

Amors Pfeil.

Tja.

Ich hab bloß genickt.

Meine Sprache war mir irgendwie abhanden gekommen.

Wurde mal wieder zum Fisch.

Trotzdem, fühlte mich wahnsinnig. Wahnsinnig gut.

Meine erste Tat nach der Schule dann: der Blick in den Stadtplan.

Und neue Fragen im Hirn.

Die Uhlandstraße liegt in der Nordstadt.

Und die Nordstadt ist ein ganz besonderes Viertel.

„Das multikulturelle, alternative." Sagt meine Mutter.

Die Häuser dort sind teilweise ziemlich runtergekommen.

Dort wohnen Ausländer, Studenten, Künstler, Arbeitslose. Ich kenne niemanden, der dort wohnt.

Das Kontrastprogramm zu unserer Reihenhaussiedlung.

Und der absolute Kontrast zur Villa jenseits der Mauer.

Ja, und da hat James Bond an mir gezerrt.

Der konnte einfach nicht warten.

Hat sogar das Mittagessen ausfallen lassen.

Hat sich gleich auf sein Citybike geworfen und los.

Im Tempo des gelben Trikots.

Eine Viertelstunde später stand er vor ihrem neuen Haus.

Ein altes Haus.

Hundert Jahre vielleicht.

Aber frisch renoviert. In Hellblau. Ziemlich auffällig.

Unten ist ein türkischer Gemüseladen, im Haus nebenan ein Friseur. An der Ecke eine Kneipe mit verstaubten Gardinen und schwarzgelben Fahnen. Auf der Straße viel Verkehr. Auf den Fußwegen viel Papier. Sieht ganz so aus, als würde die Stadt in dieser Gegend auf die Straßenreinigung verzichten.

Warum wohnt sie ausgerechnet hier?

Eine Reihenhausanlage ist zwar auch nicht gerade der Hit, aber diese Gegend?

Und das nach der Villa?

Warum dieser Abstieg?

Ist das alles bloß Tarnung?

Muss sie sich verstecken?

Soll hier jemand entführt werden?

James Bond hätte das wahrscheinlich längst geschnallt.

Maximilian Mühlemeier fehlen einfach ein paar Hirnwindungen, um diese Story entschlüsseln zu können.

Steht da ziemlich verloren in dieser verdammten Gegend.

Und nichts als Fragen im Kopf.

Was kann passiert sein?

Vielleicht hat ihr Vater krumme Geschäfte gemacht.

Sitzt vielleicht im Knast.

Aber wär sie dann so gut drauf?

Die einfachste Erklärung: Leonies Mutter hat Leonies Vater verlassen. Ja, das könnte sein. So einfach.

Der Mann mit und ohne Rose – doch kein Entführer?

Vielleicht der neue Freund der Mutter?

Bald weiß ich es!

Mittwoch, 18. 9., 20.36 Uhr, an meinem Schreibtisch, meine Finger voll mit roter Tinte

Ich habe die Einladung geschrieben.
Aber ich werde den Brief nicht abschicken.
Ich hab eine bessere Idee.
Morgen Nachmittag werde ich in die Uhlandstraße fahren, bei Schubert anklingeln und ihn abgeben.
Ob sie das okay findet?
Würde sie sonst die Adresse ins Klassenbuch schreiben? Nein!
Ab sofort darf man auch in der Uhlandstraße ohne Voranmeldung auf der Matte stehen.
Davon geh ich jetzt aus. Ohne schlechtes Gewissen.

Meine Mutter hat sich in ihr Zimmer verkrochen.
Sie befragt ihr geheimes Gummibärchen-Orakel nach ihrer weiteren Zukunft. Nach ihrer beruflichen.
Eine Umschulung als Altenpflegerin peilt sie an.
Sie ist gut drauf.
Ihren Sohn, dieses kostbare Einzelkind, lässt sie weitgehend in Ruhe. Sie ist zufrieden mit der Entwicklung von Maximilian Mühlemeier.
Der Energiekick und das gewachsene Selbstvertrauen sind ihr nicht entgangen.
Auch die Zensuren findet sie okay.
Und dass ich all meine überflüssigen Kilos bei meiner neuen Fahrradleidenschaft verloren habe, das macht sie echt happy.

Mein Vater guckt neidisch auf meinen flachen Bauch.

Leonie war heute total komisch.
Ich war richtig erschrocken. So kenne ich sie nicht.
5 Was war los mit ihr?
In den ersten beiden Stunden, da hatten wir Kunst, war sie so wie sonst. Ja, und dann kam Politik.
Eigentlich ist das unser Lieblingsfach. Bei unserm Lieblingslehrer Lukas Kleinholz.
10 Herr Kleinholz ist locker, witzig, unverkrampft, einfach total nett.
Der Unterricht interessant. Immer schleppt er irgendwelche Highlights an. Bücher, Videos, Spiele oder echte Menschen.
15 Heute teilte er unsere Klasse in sechs Gruppen auf.
Dann gab er uns einen Stapel Zeitschriften.
„Bodo", „fifty fifty", „motz", „strandgut", „Hinz und Kunzt".
Alles Straßenmagazine von Obdachlosen, aus verschie-
20 denen Städten.
Und den Arbeitsauftrag.
„Ich gebe euch jetzt zwanzig Minuten Zeit. In der ersten Hälfte blättert die Zeitschriften durch. Lest den einen oder anderen Artikel. In der zweiten Hälfte dis-
25 kutiert in eurer Gruppe folgenden Fall: Stellt euch vor, ihr seht einen Mann in der Fußgängerzone. Er sitzt auf einer Decke. Vor ihm steht eine Dose, daneben liegt ein Stück Karton mit der Aufschrift: ‚Ich bitte um eine Spende. Bin obdachlos.'

Überlegt euch, wie ihr euch verhalten würdet. Und besprecht eure Reaktion in eurer Gruppe."

In meiner Gruppe gab es außer Leonie noch Bert, Kevin und Dennis.

Das starke Dreigestirn.

Hart an der Grenze des Erträglichen.

Vor den Attacken von Bert, Kevin und Dennis fürchten sich nicht nur die meisten aus der Klasse. Auch manchen Lehrern bricht der Schweiß aus ... Mir sind sie ziemlich unheimlich.

Und ich geh ihnen aus dem Weg, so gut ich kann. Tauche unter. Der stumme Fisch.

Und jetzt ausgeliefert.

Zwischen ihnen und mir nur Zentimeter. Ohne Leonie – nicht auszuhalten. Ja, trotz Energiekick und gewachsenem Selbstvertrauen – ein Superman bin ich noch lange nicht. Will ich eigentlich auch gar nicht werden ...

Für jeden gab es also ein Obdachlosenmagazin. Aus der Sammlung von Herrn Kleinholz. Zunächst war überall noch interessierte Stille.

An den anderen Tischen hörte man nur das Rascheln des Zeitungspapiers. Und bei uns? An unserem Tisch brach ziemlich schnell die Revolution aus. War ziemlich klar. Bert, Kevin und Dennis warfen keinen Blick in die Zeitschriften. Sie kotzten sofort ihre Sätze aus.

Bert: „Keinen Pfennig sehen die von mir. Die versaufen doch sowieso alles!"

Kevin: „Warum arbeiten die eigentlich nicht? Mein Vater findet sein Geld schließlich auch nicht auf der Straße. Der muss auch jeden Tag in sein Büro."

Dennis: „Jetzt übernachten die sogar in Kirchen. Das finde ich eine echte Schweinerei!"

Bert: „Kein Wunder, dass die zwischendurch eins über den Schädel kriegen mit 'nem Baseballschläger."

Ich dachte, ich bin im Film. In einem von diesen Schreckensstreifen, aus denen ich rausrenne.

Aber wie meistens in solchen Situationen werde ich zum Fisch. Verliere die Sprache. Tauche unter. Nur ein paar Luftblasen erinnern daran, dass es mich einmal gegeben hat.

Auch Leonie schweigt. Guckt irgendwie seltsam. Das bleiche Gesicht bleicher noch als sonst. Ihre Lippen zittern leicht. Das Erdbeerrot jetzt nur noch himbeerrot.

Dann plötzlich springt sie auf.

Ihr Gesicht jetzt knallrot. Ihre Stimme eiskalt und schrill.

„Ihr habt ja keine Ahnung! Das kann euch genauso passieren. Ganz genauso! Die sind krank. Ganz einfach krank. Alkoholkrank. Und die meisten von ihnen sind nicht mehr zu retten ..."

Ihre Stimme verstummt. Genauso plötzlich, wie sie eben da war.

Leonie rennt raus. Erst nach zehn Minuten kommt sie zurück.

Total verheult sieht sie aus.

Was ist los mit ihr?

Warum ist sie dermaßen explodiert?

Was hat Leonie Schubert mit Obdachlosen und Alkoholikern zu tun?

Ich lege meine Hand auf ihre Hand.

Egal, was die anderen jetzt denken. Egal, was sie jetzt denkt.

Bert, Kevin und Dennis schweigen.

Seit Leonie den Raum verlassen hat, sind sie ruhig.

Nicht nur sie. Alle. Die ganze Klasse.

Die ganze Klasse gegen die drei. Wenigstens das.

Lukas Kleinholz hat die drei nur angeschaut. Lautlos und ernst.

Da haben die drei angefangen, in den Zeitschriften zu blättern. Ganz, ganz leise.

Und Lukas Kleinholz hat angefangen zu lesen.

Die Geschichte der Marion M. Ein Schicksal von vielen, die auf der Straße landen. Immer wieder die gleiche oder sehr ähnliche Geschichte.

Arbeitslosigkeit, Alkohol, Schulden, Verlust der Wohnung. Am Ende die Straße.

Und wenig Chancen, da wegzukommen.

Es klingelt.

Bert, Kevin und Dennis stürzen auf den Schulhof.

Erst mal weg.

Ob die Stunde ihnen irgendwas gebracht hat?

Und Leonie?

Sie ist fast wieder die Alte. Fast.

Sie lächelt mich an. Das schon. Aber in ihren Augen hängt noch eine kleine Spur Trauer ...

Donnerstag, 19. 9., 22.45 Uhr, im Bett, Stöpsel im Ohr, mit meinem Hit „My heart will go on". Vor mir die letzten Seiten von meinem Tagebuch. Nur noch ein paar leere Blätter ...

Bitte frag nicht!
Nie mehr diesen Satz!
Ab sofort kann ich alle Fragen dieser Welt stellen.
Aber das Wichtigste weiß ich jetzt.
5 Und alles muss ich nicht wissen.

Dies ist das Ende.
Das Ende der Geschichte „Jenseits der Mauer".

Und der Anfang.
Der Anfang einer neuen Geschichte.
10 Aber die erzähle ich nicht mehr. Denn dies sind die letzten Seiten von meinem Tagebuch.

Wenn ich Glück hab, dann reicht der Platz gerade noch, um die letzten Entdeckungen des großen Detektivs Maximilian Mühlemeier mitzuteilen.
15 Die Auflösung des Falls „Jenseits der Mauer".

Und damit nehme ich Abschied von diesem Beruf.
Als Detektiv bin ich nämlich völlig ungeeignet.
Das ist jetzt klar.
Es ist nämlich alles ganz anders gewesen, als ich es mir
20 vorgestellt hatte. Ich war auf dem völlig falschen Trip.

Trotzdem hab ich mir zur Belohnung jetzt eine Tafel Schokolade reingeschoben.

Irgendwie muss dieser Tag wenigstens ein bisschen gefeiert werden.

Die richtige Feier kommt dann später.

An meinem Geburtstag.

Mit ihr!

Maximilian Mühlemeier liegt jetzt ziemlich erledigt in seinem Bett. Das Wärmflaschenschaf auf dem Bauch. Zur Beruhigung des Sonnengeflechts. Was immer das ist. Meine Mutter schwört auf diese Therapie.

Maximilian Mühlemeier fühlt sich so wie niemals zuvor in seinem Leben. Total gut. Innen und außen. Oben und unten. Rechts und links. Überall. Von den Zehenspitzen angefangen bis zu den Haarwurzeln. Einfach umwerfend gut.

„My heart will go on!"

Ja, genau so fühl ich mich.

Dabei fing dieser Sommer nur höllenmäßig an.

Aber sie hat mich gerettet.

Sie.

Leonie Schubert.

Heute Nachmittag also der Gang in die Uhlandstraße.

Mit dem Brief in der Hand. Die immer feuchter wurde, je mehr ich mich dem hellblauen Haus näherte.

Dann stand ich vor der Tür.

Mein Herz raste, drohte sich zu überschlagen.

Und ich hatte keine Ahnung, wie ich die Drehzahl drosseln konnte.

Der Blick auf die Klingelschilder machte es auch nicht besser. Im Gegenteil. Acht Namen. Die meisten ziemlich fremd. Civelek, Murga, Sandros, Cosi, Färber, Rodansky, Nazarian, Hein.

Und Schubert?

Hab ich die falsche Hausnummer abgeschrieben?

Das wär mir schon zuzutrauen.

Aber neben dem obersten Klingelknopf steht kein Name.

Ziemlich lange hab ich vor der Tür gestanden.

Soll ich? Soll ich nicht?

Dann hab ich einfach bis zehn gezählt.

Fünfmal tief in den Bauch geatmet und auf die namenlose Klingel gedrückt. Entweder wohnt sie dort oder nicht.

Gleich würde ich es wissen.

Ich hab ziemlich lange gewartet.

Am liebsten wär ich ganz schnell wieder verschwunden.

Aber dann schnarrte der Türöffner.

Und James Bond würde jetzt – so kurz vor Auflösung des Falls – sowieso nicht aufgeben.

James Bond gibt niemals auf.

Maximilian Mühlemcicr steigt mutig mit klopfendem Herzen und feuchten Händen und total zittrigem Gefühl die Stufen nach oben. Vorbei an den Türschildern mit den fremden Namen. Immer weiter nach oben, bis es nicht mehr weitergeht.

Dann steh ich vor einer namenlosen Tür.

Ziemlich außer Atem.

Ziemlich verschwitzt.

Und mit ziemlicher Angst im Nacken.

James Bond würde das alles viel cooler sehen. Der hätte auch keinen erhöhten Pulsschlag und stünde nicht kurz vor dem Herzinfarkt. Aber Maximilian Mühlemeier ist nun mal nicht James Bond.

Wieder zähl ich bis zehn, wieder atme ich fünfmal tief in den Bauch, dann drücke ich auf den Klingelknopf.

Was kann passieren?

Ich schaffe es nicht mehr, mir alle möglichen Schrecklichkeiten vorzustellen. Die Tür wird geöffnet.

Mein Herz bleibt stehen. Nein, nicht für immer. Noch nicht. Es rast weiter, im Tempo der Jahresweltbestzeit.

Vor mir steht eine Frau.

Eine ziemlich junge Frau.

Sieht ziemlich inländisch aus.

Der Name Schubert könnte schon passen.

Aber Ähnlichkeit mit Leonie hat diese Frau nicht.

Und nach einer Mutter sieht diese Frau auch nicht aus.

Viel zu jung. Die ältere Schwester?

Ja, die Augen, die sind ähnlich. Nur nicht so schwarz.

Mit meinem Besuch hat sie wohl nicht gerechnet.

Sie guckt überrascht, aber nicht unfreundlich.

Dann lächelt sie leicht und sagt:

„Maximilian Mühlemeier?"

Ich nicke und wische mir die feuchten Hände an meiner Jeans ab.

„Du siehst, ich kenne dich schon. Leonie hat mir von
dir erzählt. Sie ist gerade unterwegs. Aber sie müsste
gleich zurückkommen. Willst du auf sie warten?"
Ich krieg mal wieder kein Wort raus. Zum Glück funktioniert wenigstens die Bewegung mit dem Kopf. Ich
nicke.
Sie gibt mir die Hand.
„Ich bin Leonies Mutter!"

Die Wohnung gefällt mir gleich.
Alles hell, sehr sparsam möbliert, trotzdem gemütlich.
„Ich hab leider keine Zeit für dich!", sagte sie.
„Ich schreibe heute Abend eine Klausur und muss noch
arbeiten. Ich geh nämlich wieder zur Schule. Abend-

schule. Du kannst in Leonies Zimmer warten, wenn du willst!"

Sie zeigt mir ihren Arbeitsplatz.

Auf dem großen alten Küchentisch hat sie ihre Unterlagen ausgebreitet. Ziemlich viele Bücher, Hefte und Karteikarten.

„Früher war für mich die Schule die überflüssigste Einrichtung überhaupt. Ich habe sie gehasst. Nach der 10. Klasse bin ich abgegangen. Leider. Würde ich heute sagen. Aber es ist zum Glück noch nicht zu spät. Auf jeden Fall macht Schule mir jetzt Spaß.

Magst du was trinken?"

„Nein danke!"

„Dann zeig ich dir jetzt ihr Zimmer. Du kannst Musik hören oder lesen ... mach's dir gemütlich. Sie wird sich freuen, dass du gekommen bist!"

Ich bin allein.

Allein im Zimmer von Leonie Schubert und sortiere meine Gedanken. Dieses Zimmer eignet sich gut zum Nachdenken.

Es gibt wenig, das ablenkt. Dieses Zimmer ist fast so kahl wie eine Klosterzelle.

Eine Matratze, eine Schreibplatte, ein Bücherregal. Alles ordentlich. Kein Krempel und Kram wie bei mir, kein Staub.

Aber trotzdem ist es nicht ungemütlich.

Ich setze mich auf die Matratze mit der roten Tagesdecke und denke nach. Warum wohnen sie jetzt hier? Warum nicht mehr in der gelben Villa?

Wird sie es mir erzählen?

Neben der Matratze auf dem Boden liegt ein Buch. Titel: „Vater ist die Arbeit los."

Das Lesezeichen steckt auf Seite 46.

Ich lese den Klappentext:

„Der 15-jährige Bernhard beschreibt, wie die Arbeitslosigkeit des Vaters die Familie langsam, aber sicher lähmt und zerstört.

Man verdrängt und verschweigt.

Erst als Bernhard durch die Ereignisse zu handeln gezwungen wird, erkennt er, worauf es ankommt und dass man nicht einfach aufgeben kann."

Ist das der Grund, weshalb sie in Politik so ausgerastet ist?

Weil sie sich gerade damit beschäftigt?

Sieht ganz so aus.

Sie scheint gerne zu lesen. Das Regal jedenfalls ist ziemlich voll. Achtzig Bücher bestimmt. Und nur drei Comics.

Asterix.

Jetzt warte ich schon eine Viertelstunde.

Wann kommt sie zurück?

Ganz wohl fühl ich mich nicht so allein in ihrem Zimmer.

Ein wenig komme ich mir vor wie ein Eindringling.

Wie ein ungebetener Gast.

Bin ich auch.

Will ich aber nicht.

Weg. Bloß schnell weg, bevor sie kommt.

Ich lasse den Brief auf ihrem Schreibtisch liegen und

verlasse das Zimmer, hastig und schnell wie ein Ein-
brecher.

Leonies Mutter kommt auf den Flur.

Sie schaut auf die Uhr.

„Eigentlich müsste sie schon längst wieder hier sein.
Willst du nicht noch einen Moment warten?"

Ich würde schon wollen, aber ich kann nicht ... fühl
mich wie ein Dampfkessel kurz vor der Explosion.

„Ich schau in einer halben Stunde noch mal rein!", sage
ich.

Dann steh ich auf der Straße.

Der Sommer ist dabei, sich für dieses Jahr zu verabschieden.

Ein kalter Wind weht, wirbelt das Papier auf, treibt
Staub in die Augen. Noch ist der Himmel blau. Aber
die Sonne ist dabei, ihr Feuer zu verlieren. Ich zittre
nicht nur vor Aufregung.

Jetzt zitter ich vor Kälte.

Die Zeit der T-Shirts ist vorbei.

Orientierungslos streife ich durch die Straßen. Ohne
Ziel.

Eine Viertelstunde lang kann ich die Kälte aushalten.

Wenn Leonie dann nicht zurück ist, muss ich aufgeben.

Die Streptokokken lauern schon, warten auf eine neue
Attacke, auf einen neuen Durchbruch, auf den Weg ins
Messer.

Unters Messer will ich jetzt noch nicht.

Ich balanciere zwischen aufgewehten Müllbergen und
Hundehaufen, vorbei an türkischen Gemüseläden mit
üppigen Auslagen. Der frische Duft von Obst und Ge-

müse zieht in meine Nase, vermischt sich mit dem wür-
zigen Geruch der Döner-Buden. Verführerisch. Lange
werde ich nicht widerstehen können. Aber die Straße
ist lang und die Auswahl an exotischen Speisen groß.
5 Noch wüsste ich nicht, wofür ich mich entscheiden
sollte.
Erst an der italienischen Eisdiele zähle ich mein Geld.
Nein, heute kein Himbeereis. Erfrieren will ich nicht.
Heute eine heiße Schokolade. Zum Aufwärmen.
10 Ob es in Eisdielen heiße Schokolade gibt?
Ich schau durch die große Glasscheibe. Vor mir unbe-
setzte Tische.
Kein Wetter für Eisorgien, den Riesenbechern mit Pal- Orgie
men aus Papier, bunten Schirmen, Überraschungsei- *hier: Gelage, ausschweifende Feier*
15 ern, Lollis und Smarties.
Nur ein Tisch ist besetzt. Ganz hinten in der Ecke.
Die Kellnerin liefert gerade die Bestellung.
Auf einem Tablett balanciert sie zwei Riesenbecher.
Mit brennenden Wunderkerzen.
20 Ich reibe mir den Staub aus den Augen.
Gehe einen Schritt näher.
So nah, bis meine Nase platt an der Fensterscheibe
klebt.
Da wird mir heiß. Heiß trotz der lausigen September-
25 kälte.
Die Wunderkerzen sind abgebrannt.
Die beiden einsamen Gäste ergreifen ihre langstieligen
Eislöffel und angeln nach den ersten Früchten.
Das Mädchen, das gerade eine rote Kirsche in den erd-
30 beerroten Mund schiebt, ist Leonie Schubert.

Und der Mann, der gerade in eine große Scheibe Ananas beißt, ist der Mann mit und ohne Rose.

Ich weiche zurück. Angst in den Knochen, Schweiß auf der Haut.

Bloß weg!

Zu heiß für heiße Schokolade.

Ein Himbeereis zur Abkühlung. Das wär's jetzt ...

Aber keine Zeit.

Jetzt muss Maximilian Mühlemeier sein James-Bond-Hirn aktivieren. Bevor es zu spät ist.

Bevor irgendwas passiert.

Was will dieser Mann von Leonie Schubert?

Entführung, Erpressung von Lösegeld! Das wäre die eine Möglichkeit. Aber die andere, die wär noch viel schlimmer ...

An die hab ich überhaupt noch nicht gedacht.

Es vergeht keine Woche, in der nicht wieder so ein Schreckensfall durch die Presse geistert. Und die Opfer sind meistens junge Mädchen. Im Alter von Leonie. Verschleppt. Missbraucht, brutal getötet, irgendwo verscharrt.

Mir wird schlecht.

Ich laufe los.

Hoffentlich ist Leonies Mutter noch zu Hause.

Hoffentlich ist sie nicht schon unterwegs in ihre Schule.

Mir ist zum Heulen.

Das ist ein Traum, einer von diesen verdammten Albträumen, aber es ist Tag, und was ich gesehen habe, ist wahr.

Mit letzter Kraft erreiche ich die Uhlandstraße 12, boh-
re den Daumen in den Klingelknopf, rase die Treppen
hoch. Endlich steh ich im Flur, krieg kein Wort raus,
heule los, als wär ich vier und hätte mir mal wieder die
Knie blutig aufgeschlagen.

„Was ist passiert!", sagt Frau Schubert und reicht mir
ein Taschentuch. Sie legt mir die Hand auf die Schulter
und schaut mich an. Mit diesem Blick, den ich zu gut
kenne und der mich normalerweise abheben lässt.

Ich schlucke die Tränen runter, atme tief, sortiere meine Gedanken, will meine Stimme aus der Versenkung
holen, da fällt mein Blick auf ein Foto an der Wand.
Und da geht alles wieder los. Das ganze sortierte Chaos.
Plötzlich ist es wieder da.

Auf dem Foto an der Wand lachen sich zwei Menschen
an.
Leonie Schubert und der Mann mit und ohne Rose.
Seh ich Gespenster, oder was?
Mit letzter Kraft zeigt mein Finger auf den Mann.
Sage ich den Satz: „Wer ist dieser Mann?"
Frau Schubert schiebt mich in die Küche, ich lasse mich
auf einen Stuhl fallen. „Magst du was trinken?"
Sie schaut auf mein T-Shirt und schüttelt leicht den
Kopf.
„Was zum Aufwärmen?"
Dann steht die Schokolade vor mir. Heiß und damp-
fend.
Und ich weiß jetzt, wer der Mann mit und ohne Rose
ist.
Der Vater von Leonie.

Ich wärme meine kalten Hände am heißen Becher.

Frau Schubert packt ihre Sachen zusammen.

„In einer Viertelstunde muss ich los!"

Das Chaos in mir schmilzt dahin wie Schnee in der Sonne.

Was bleibt, sind Fragen.

Eine Viertelstunde noch, dann muss sie gehen ...

Ich muss sie fragen.

Und ich werde jetzt fragen.

„Bitte frag nicht!"

Dieser Satz ist schließlich von Leonie und nicht von ihrer Mutter.

Ich atme tief.

Aber Frau Schubert ist schneller.

„Willst du mir sagen, was los ist?"

Und ich erzähle ihr alles.

Kippe alle Fragen, Beobachtungen, Überlegungen, Schlussfolgerungen auf den Tisch.

Als ich bei der Eisdiele angekommen bin, geht es mir schon ziemlich gut. Mir ist, als wäre der ganze bleischwere Ballast von mir abgefallen. Leonies Mutter lächelt.

Und dieses Lächeln löst meine Panik endgültig auf.

„Ich hab geglaubt, dass das Geheimnis der gelben Villa inzwischen kein Geheimnis mehr ist."

Aus einer Schublade holt sie einen Zeitungsartikel.

Den legt sie neben meinen Becher.

„Wenn du das liest, weißt du Bescheid!"

Der Artikel ist kurz, eine eher unauffällige Nachricht.

Vom 29. 8. Einundzwanzig Tage alt.

„Gewaltsames Eindringen ins Frauenhaus – Zum zweiten Mal in diesem Jahr hat ein Vater versucht, seine Kinder, die mit der Mutter ins Frauenhaus geflüchtet waren, zu entführen. Der stark alkoholisierte Mann konnte festgenommen werden. Zur Sicherung der misshandelten Frauen und zum Schutz der Kinder vor möglichen Übergriffen der Väter wird in Zukunft verstärkt Streife gefahren."

Die gelbe Villa ein Frauenhaus für geschlagene Frauen. Als Detektiv bin ich eine hoffnungslose Katastrophe.

Aber vielleicht sollte ich Schriftsteller werden. Bei meiner Fantasie ...

„Leonie wird sicher gleich kommen. Ihr Vater muss um sieben in seiner Klinik sein. Die sind da ziemlich streng."

Ich sitze in ihrem Zimmer und warte auf sie.

Mein Herz klappert wie eine alte Schreibmaschine, unregelmäßig und laut. Habe feuchte Hände und so ein zittriges Gefühl.

„Bitte frag nicht!"

Nein, ich werde nicht mehr fragen.

Ich weiß Bescheid.

Ich höre den Schlüssel in der Wohnungstür.

Und ich beginne zu zählen.

Die Klinke bewegt sich.

Jetzt ist sie da.

Sie kommt ins Zimmer.

Ihr Gesicht ist leicht gerötet. Nicht so schneewittchenweiß wie sonst.

Sie lächelt mich an mit diesen schwarzbraunen Augen.

Und wie immer bei diesem Blick setzt mein Herz für
einen Moment aus.

„Schön, dass du da bist!", sagt sie.

Sie lässt ihren Rucksack auf den Boden fallen, dann grinst sie mich an: „Du weißt jetzt alles, oder?"
Ich nicke und werde mal wieder stumm wie ein Fisch.
Aber das darf ich heute nicht zulassen. Ich hab ihr schließlich eine Menge zu erzählen.
Die Geschichte von Maximilian Mühlemeier, der nahe dran war, ein zweiter James Bond zu werden ... echte Konkurrenz für 007.
Ich hole tief Luft. Damit ich den stummen Fisch vertreibe.
Und ihr alles erzähle.

Dies ist die letzte Seite von meinem Tagebuch.
Wenn das Faxgerät angeschlossen ist, werde ich Tim mein Tagebuch durchfaxen. Das ganze.
Ob dafür eine einzige Faxrolle reicht?
Auswandern will ich vorläufig nicht.
Aber meinen Gutschein beim Haardesigner, den würde ich am liebsten noch heute einlösen.
Schade, dass die Läden schon zu sind ...

Materialien

Interview mit der Autorin
Doris Meißner-Johannknecht

Wie kamen Sie auf die Idee über die Freundschaft zwischen Maximilian und Leonie zu schreiben?
Eine Lektorin des Oetinger Verlages schlug mir vor, mich mit einem Kinderbuchmanuskript für den Astrid-Lindgren-Preis zu bewerben. Ich suchte ein Thema, das noch niemand vor mir bearbeitet hatte. Damals arbeitete ich ehren-   10 amtlich im Verein „Frauen helfen Frauen". Dieser Verein war zuständig für ein Frauenhaus, das sich in der Nähe meiner damaligen Wohnung befand. Ich recherchierte und fand heraus, dass es kein Kinderbuch zum Thema Frauenhaus gab (und   15 meines Wissens nach, gibt es immer noch kein Weiteres).
Ich liebe Geschichten, in denen Menschen, ihre großen und kleinen Probleme aus eigener Kraft bewältigen. Meine Hauptfiguren, beide in einer schwierigen Le-   20 benssituation, finden Trost in ihrer Freundschaft. Leonie muss ihren aktuellen Aufenthaltsort geheim halten und darf nichts von ihrer traurigen Vergangenheit erzählen... Maximilian, Sohn einer ehrgeizigen Mutter, leidet unter ihren Ansprüchen, unter seiner Nichtver-   25 setzung, unter seiner Körperfülle und dem Verlust seines einzigen Freundes. Mich hat fasziniert, wie diese

beiden verschiedenen Charaktere zueinander finden und sich guttun.

Das Buch ist als Tagebuchroman verfasst. Was hat Sie an dieser Form der Darstellung besonders fasziniert?

Maximilian ist zu Beginn der Geschichte unglücklich und einsam. Er vermisst seinen Freund, er hat niemanden, mit dem er reden kann. Sein Tagebuch ist der Ersatz für Menschen, denen er sich nicht anvertrauen kann. In seinem geheimen Tagebuch kann er seine intimsten Gefühle ungefiltert ausdrücken. Ohne Scham.

Welche Bedeutung hat der Titel für Sie?

Max wächst in der Geschichte über sich hinaus. Er entwickelt ungeahnte „Kräfte", verfolgt mutig sein Ziel und wundert sich selbst, wozu er in der Lage ist. Er empfindet sich als Konkurrenz für den großen Geheimagenten 007.

Am Ende bleibt ziemlich offen, wie die Vorgeschichte von Leonie und ihrer Mutter genau aussieht. Warum haben Sie dieses Ende gewählt?

Ein Ende, das jedes Detail erklärt, ist nicht mein Ding. Ich möchte die Leserin oder den Leser auffordern sich eigene Gedanken zu machen... Wer die Geschichte genau liest, erfährt sowieso ALLES... Ich möchte durch die Geschichte anregen, sich über das Buch hinaus mit dem Thema „Frauenhaus" zu beschäftigen... Zum Beispiel gibt es in meiner Stadt ein Frauenhaus? Kennt jemand jemanden, der dort gewesen ist? etc.

Haben Sie ein persönliches Lieblingsbuch?
Nein! Ich habe kein Lieblingsbuch. Ich liebe alle meine Bücher. Die alten, die neuen, die dicken, die dünnen. Ich liebe alle meine Buchkinder. So wie eine gute Mutter, die all ihre Kinder liebt. Egal, wie sie sind: Die einen sind schön, die anderen klug, die einen sind langsam, die anderen schnell, die einen sind schlecht in der Schule, die anderen sind sportlich und so weiter... Schwierige Kinder zu lieben, ist nicht immer leicht (meine Buchkinder sind oft sehr schwierig!). Aber ich liebe sie alle!

„Konkurrenz für 007" erschien zum ersten Mal bereits im Jahr 1999. Ist es heute noch aktuell?
Das Thema hat an Bedeutung nicht verloren. Auch heute noch wird jede vierte Frau in Deutschland Opfer männlicher Übergriffe. Etwa 45 000 Betroffene suchen mit ihren Kindern jährlich in einem der 400 Frauenhäuser Schutz und Unterkunft .
Auch die Probleme meiner Hauptfiguren sind hochaktuell. Arbeitslosigkeit, damit verbundene Armut, Alkoholismus, damit verbundene häusliche Gewalt haben eher zu- als abgenommen.
In Wohlstandsfamilien treibt die Angst vor drohender Arbeitslosigkeit und damit verbundenem sozialen Abstieg Eltern dazu, Kinder permanent zu überfordern. Durch Nachhilfestunden, Zusatzkurse, therapeutische Sitzungen, Medikamente, alles zur Optimierung der Leistung ... Bei den Kindern bleibt das Gefühl: So wie ich bin, bin ich nicht richtig!

In meinem Buch chattet man allerdings noch nicht im Internet. Eine gute Gelegenheit, sich darüber auszutauschen, wie Freizeit gestern ausgesehen hat. Heute würde Maximilian seinem Freund Tim vielleicht täglich Mails schreiben ... Aber seine ganz geheimen Sorgen und Ängste, die würde er nach wie vor nur seinem Tagebuch anvertrauen.

ARBEITSANREGUNGEN

– Warum hat sich die Autorin dafür entschieden, das Buch mit dem Thema „Frauenhaus" zu verbinden?
– Welche Bedeutung hat die Tagebuchform für die Autorin? Oft begeistern sich eher Mädchen für das Schreiben von Tagebüchern. Überlege dir, warum in diesem Buch ein Junge Tagebuch schreibt.
– In Bezug auf das Ende äußert sich die Autorin so: „Wer die Geschichte genau liest, erfährt sowieso ALLES...". Was meint sie genau damit?
– Die Autorin nennt einige Punkte, die belegen, dass das Buch hochaktuell ist, obwohl die Originalausgabe schon 1999 geschrieben wurde. Wie begründet sie dies? Kannst du ihre Begründungen nachvollziehen? Sprecht darüber auch in der Klasse.

Das Gummibärchen-Orakel

Das Buch „Das Gummibärchen-Orakel" gibt es wirklich. Der Autor Dietmar Bittrich erklärt darin, was die verschiedenen Farbkombinationen bedeuten, wenn man fünf Bärchen mit geschlossenen Augen aus einer Tüte zieht. Hier kannst du den vollständigen Text zu Max' Bärchenkombination vom 29. Juni nachlesen.

Einschränkung – Mut – Freude

1 Rot	2 Gelb	– Weiß	1 Grün	1 Orange

„Kann es sein, dass Sie manchmal schwarzsehen? Dass Sie glauben, Sie seien arm dran? Dass Sie Pechsträhnen haben? Sie haben nämlich zwei gelbe Bärchen gezogen. Und zweimal Gelb, das bedeutet begrenztes Denken. Einschränkung der eigenen Möglichkeit. Bedeutet, dass Sie sich selbst Fesseln anlegen. Dass Sie zu häufig Dinge tun oder mit Personen zusammen sind, die Ihre Kreativität blockieren, die Ihre Energie absaugen oder lähmen. Häufig geht das mit Geldmangel einher, der nur Ausdruck Ihrer eigenen Wertschätzung ist. Die ist nämlich mangelhaft. Nein! War mangelhaft! Jetzt haben Sie ein paar Bärchen gezogen, die leuchtende

Symbole des Wandels sind. Ein rotes: Sie kriegen einen Energiekick. Bekommen die Power, etwas grundlegend zu ändern. Sie werden das tun, was Ihnen Kraft bringt, werden zu den Leuten gehen, die Sie aufbauen, nicht zu denen, die Sie runterziehen. Ein grünes: Ihr Selbstvertrauen wächst. Weil Sie entdecken, was Sie besser können als andere. Weil Sie Ihre Arbeit nicht mehr billig weggeben. Sondern weil Sie für Ihre Leistung etwas verlangen. Wofür man Sie respektiert. Ein orangenes: Sie erkennen, dass die Freude Ihr Richtungsweiser ist. Freude ist eine Form der Energie. Geld ebenfalls. Und Energie zieht Energie an. Also erfüllen Sie sich Ihre Wünsche. Geld ist keine lästige Notwendigkeit, sondern ein Freund. Nur wer von Geld gut denkt, kann damit glücklich sein, sprach Experte Walt Disney. Wer Geld für etwas Verwerfliches hält, wird es verlieren. Wenn Sie Geld ausgeben, denken Sie also: Mein liebes Geld, ich gebe dich frei. Aber du weißt, du bist immer herzlich willkommen. Und natürlich kannst du alle deine Freunde mitbringen. – Die kommen glatt!"

Im Anhang des Buches beantwortet der Autor Fragen, die im Zusammenhang mit seinem Buch häufig gestellt werden. Eine davon kannst du hier nachlesen:

„Ist so ein Orakel nicht Humbug?"

„Das werden Sie merken, wenn Sie es machen. Weise Leute haben herausgefunden, dass es keinen Zufall gibt. Zum Beispiel, dass Sie heute hier sind, ist kein Zufall. Dass Sie dieses Buch lesen. Dass Sie eine bestimmte

Bärchen-Kombination ziehen. Alles kein Zufall. Jedes
Ereignis erscheint erst in dem Augenblick, wenn man
bereit dafür ist, sprach der erleuchtete Buddha. Was
Ihnen widerfährt, und wann es Ihnen widerfährt, ist
charakteristisch für Sie. Also: Die Bärchen, die Sie zie-   5
hen, sagen etwas über Sie aus. Aber nehmen Sie es mit
Humor. Nicht nur dieses Orakel. Sondern jedes Orakel.
Und wenn es Ihnen nicht gefällt, sehen Sie darin eine
Herausforderung, es zu widerlegen."

ARBEITSANREGUNGEN

- Was denkst du über das Gummibärchen-Orakel?
  Würdest du es gerne einmal ausprobieren?
  Begründe deine Antworten.
- Maximilian erwähnt in seinem Tagebuch mehrmals
  das Gummibärchen-Orakel.
  Was bewirkt der Orakeltext bei ihm?
- Im Anhang erklärt der Autor Dietmar Bittrich, dass
  man das Gummibärchen-Orakel mit Humor lesen
  soll. Was sagt er damit indirekt über diese Art von
  Zukunftsvoraussagen aus?

James Bond 007

Die James-Bond-Filme

Mit den James-Bond-Filmen begann die erfolgreichs-
te Kinoserie der Welt. In deutschen Kinos lief James
Bond zum ersten Mal im Jahr 1963. Seitdem hat die
Figur nicht an Popularität verloren: Bisher sind über
20 Filme gedreht worden, in denen sechs verschiedene
Schauspieler die Hauptfigur verkörpern.

Wer ist eigentlich dieser James Bond?

James Bond ist Agent beim britischen Secret Service.
Seine Code-Nummer: 007. Die Doppel-Null symboli-
siert seine Lizenz, im Dienst töten zu dürfen. Er hat
den Rang eines Commanders, ist 183 cm groß und wiegt
76 kg. James Bond hat blaue Augen, schwarzes Haar

und auf der rechten Wange eine senkrechte Narbe. Er ist ein guter Sportler und ein ausgezeichneter Pistolenschütze, Boxer und Messerwerfer. Außerdem ist er ein starker Raucher und spricht mehrere Sprachen, darunter Deutsch und Französisch. Zu seinen großen Leidenschaften zählen Alkohol und Frauen.

ARBEITSANREGUNGEN

- Sicher kennst du James Bond bereits aus dem Kino oder dem Fernsehen. Ergänze den obigen Text durch weitere wichtige Informationen. Du kannst dich dazu im Internet informieren.
- Beschreibe das Plakat von dem Kinofilm möglichst genau. Welche Wirkung soll damit wohl erzielt werden?
- Suche im Internet oder in der Videothek nach anderen Filmplakaten. Vielleicht könnt ihr einige Poster besorgen und sie in der Klasse ausstellen.
- Max fühlt sich oft wie James Bond. Woran lässt sich erklären, dass er sich gerne mit dieser Filmfigur vergleicht?
- Stell dir vor, das Buch „Konkurrenz für 007" würde verfilmt werden. Entwirf dafür ein eigenes Werbeplakat.

Theater spielen

Max und Leonie lernen sich zu Beginn des Schuljahres in einer Theatergruppe kennen. Solche Theatergruppen gibt es in vielen Städten, manchmal werden sie direkt vom Theaterhaus angeboten, manchmal richten Jugendclubs Kurse aus und manchmal gibt es das Fach Theater sogar als Unterrichtsfach in der Schule.

Jugendliche, die gefragt wurden, warum sie gern Theater spielen, äußern sich dazu sehr vielseitig:
- Theaterspielen macht Spaß.
- Theaterspielen wird nie langweilig.
- Man kann tolle Kostüme tragen.
- Man kann in andere Personen schlüpfen.
- Man kann andere Rollen übernehmen.
- Man ist mit anderen Leuten zusammen.
- Man lernt, wie man Texte lernen kann.
- Man gewinnt Selbstvertrauen.
- Man kann fremde Verhaltensweisen ausprobieren.
- Man kann unbekannte Situationen austesten.
- Man kann den Zuschauern eine Freude machen, man sieht sie lachen oder sich gerührt fühlen.
- Man lernt etwas über Themen, die man sonst nicht kennengelernt hätte.

ARBEITSANREGUNGEN

- Aus welchem Grund gehen Max und Leonie zur Theatergruppe?
- Fallen dir noch andere Gründe ein, warum Menschen gern Theater spielen und in fremde Rollen schlüpfen?
- Gibt es bei euch an der Schule oder im Ort bzw. in der Stadt ein Theater oder sogar eine Jugendtheatergruppe? Versucht Kontakt aufzunehmen. Vielleicht könnt ihr gemeinsam das Theater besuchen. Manchmal kommen die Schauspieler auch in die Schule und organisieren einen Theaterworkshop.
- Sucht euch eine Szene aus dem Buch aus und spielt sie nach. Dazu müsst ihr den Text so verändern, dass er als Gespräch dargestellt werden kann. Alles, was außer der wörtlichen Rede im Text steht, muss durch Gestik und Mimik, durch Tonfall und Lautstärke und durch die Bewegung der Figuren im Raum veranschaulicht werden. Ihr könnt auch überlegen, ob ein Sprecher bestimmte Textstellen kommentierend vortragen soll.

ROLF P. PROST
Vater ist die Arbeit los

Es war ein Abend wie viele andere: Mama hatte Rot-
kohl und Rouladen gekocht, ich und mein kleiner Bru-
der Dany hatten den Tisch gedeckt, damit wir gleich
essen konnten, wenn Papa heimkam. Mama ermahnte
uns noch: „Seid brav und ärgert Papa nicht. Ihr wisst,
dass heute für ihn ein besonderer Tag ist."
„Ja, schon klar. Heute entscheidet sich, wie es in Papas
Firma weitergeht", erwiderte ich. Es sollte verständ-
nisvoll klingen, aber eigentlich interessierte mich das
ganze wenig. Erstens war es nicht Papas Firma, er war
da lediglich im Büro angestellt. Und zweitens: Ein sol-
cher Rackerer und Könner wie er würde wohl überall
Arbeit bekommen. (...)
„Es ist aus!" sagte er mit tonloser Stimme und presste
die Lippen zusammen. „Die Firma macht dicht, und ich
bin die Arbeit los." Keiner sagte etwas. Papa sah aus
wie ein hilfloses Kind. Schließlich wollte Mama ihn
ablenken. Aber er ließ sich nicht ablenken. „Fünfzehn
Jahre habe ich mich für Pon & Co aufgeopfert! Sogar
an Wochenenden habe ich gearbeitet und zu Hause
auch." (...) Vater redete und redete. Er erzählte, dass
das Management versagt und die leitenden Angestell-
ten sich rechtzeitig abgesetzt haben. „Die haben neue
Posten! Während wir versuchten, die Firma zu retten, haben die ihre Schäfchen ins Trockene gebracht.
Das war doch eine abgekartete Sache!" Papa wurde
immer erregter. Von seiner Besonnenheit, die ich an

ihm stets so bewundert hatte, war nichts mehr zu spüren. (...)

Seite jenem Abend hat sich unser Familienleben grundlegend verändert. Wir fühlen uns wie hinter Gittern. Wir sind Gefangene der Arbeitslosigkeit. An manchen Tagen ist Papa still, spricht kaum ein Wort. Doch meistens tobt er rum. Es ist zum Kotzen! (...)

Ein neuer Tag liegt vor mir. Wahrscheinlich wieder so ein Scheißtag wie in den letzten Monaten. Am liebsten würde ich weiterpennen. (...) Aber ich stehe auf, halb aus Gewohnheit, halb aus Pflichtbewusstsein. (...)

In der Schlafzimmertür steht Papa und krümmt sich vor Schmerzen. Mama eilt zu ihm. „Ist es wieder so schlimm mit deinem Magen?" Ein Nicken als Antwort. Ich stehe dabei und ärgere mich und schweige. Oft habe ich Papa gefragt, weshalb er nicht zum Arzt gehe. Die Antwort ist immer dieselbe: „Einer, der nicht arbeitet, wird auch nicht krank." Ich frage mich, in welchem Jahrhundert dieser Mensch eigentlich lebt. Ich kann nicht mehr verstehen, dass ich früher so wie er werden wollte, dass ich ihn bewundert und geliebt habe. (...) Papa hält sich wieder den Magen, und ich fühle mich jetzt schon ausgebrannt und müde. Dany aber leidet am meisten. Er braucht doch eine funktionierende Gemeinschaft. Seit Kurzem kaut er Fingernägel und redet hektisch. (...)

Die Zeit vergeht, aber nichts ändert sich. Oder doch? Papa und Mama streiten sich nun oft miteinander. Dabei werden sie sehr laut, und oft fallen sogar Schimpfwörter. „Du Miststück! Du arbeitslose Null!" Ich war

wie gelähmt. Zuerst glaubte ich zu träumen. So redeten
doch meine Eltern nicht miteinander? (...)
In den letzten Monaten hat Papa den Kontakt zu den
Freunden abgebrochen. Immer hat er eine Ausrede
bereit gehabt, wenn sie ihr Kommen ankündigten. Natürlich wussten sie, dass Papa arbeitslos war. Das hat
er ihnen am Telefon beichten müssen. Außerdem haben die Zeitungen groß über die Pleite seiner Firma
berichtet und Politiker und Gewerkschaftler viel über
die Umstände des Konkurses geschimpft. Doch gehol-
fen haben sie dem Entlassenen nicht. (...)
Es ist Sonntag. Ich sitze am Esstisch und beschließe,
endlich mit den Eltern zu reden. Ich sage die beiden
Sätze, die ich mir vorgenommen habe: „Wir dürfen uns
nicht so gehen lassen. Wir müssen gegen die Folgen der
Arbeitslosigkeit ankämpfen!" Papa schaut mich groß
an. Er sitzt am Kopfende des Tisches, auf dem Platz des
Familienoberhauptes. Aber wie ein Oberhaupt wirkt er
nicht – eher hilflos. Wie befürchtet, besteht seine Antwort aus Geschrei. Er beschwert sich, dass nun sogar
der Herr Sohn ihn miesmache und er nicht einmal am
Sonntag in Ruhe essen dürfe. Ich aber bleibe dran: „Einmal müssen wir reden. Immer schiebst du etwas vor."
Papa verstummt. Ich spüre seine Unsicherheit, und aus
Mitleid schweige ich auch. Minutenlang ist nur das Ge-
klapper der Essbestecke zu hören. Verdammt! (...)
„Ein Jahr ist Papa arbeitslos. Jeder in der Familie weiß,
dass vor genau dreihundertfünfundsechzig Tagen der
Abstieg der Familie begonnen hat. Ein schönes Jubilä-
um! Am Morgen – wir sitzen alle einträchtig am Früh-

stückstisch – seufzt Papa: „Ein Jahr ohne Arbeit. Und ab
heute Hartz-IV-Empfänger." Mama meint, es sei gleich,
wie die Unterstützung genannt werde. Sofort braust
Papa auf: Hartz-IV ist eine Art Sozialhilfe." Ganz plötzlich wird seine Stimme leise, und sie klingt unendlich
traurig: „Ab heute sind wir ein Sozialfall."

ARBEITSANREGUNGEN

- Bernhard, der Ich-Erzähler, durchlebt in der Familie
  die Folgen der Arbeitslosigkeit seines Vaters. Liste
  auf, was sich durch den Verlust der Arbeitsstelle alles verändert hat.
- Bernhard wollte einmal ernsthaft mit seinem Vater
  sprechen, doch dazu kommt es gar nicht erst. Wie
  hätte ein solches Gespräch verlaufen können? Entwirf ein mögliches Gespräch zwischen Bernhard
  und dem Vater.
- Leonie liest das Buch „Vater ist die Arbeit los". Außerdem zeigt sie auch im Unterricht starkes Mitge-
  fühl mit Menschen, die von Arbeitslosigkeit betroffen sind. Stelle Vermutungen an, warum sie sich mit
  diesem Thema so intensiv auseinandersetzt.
  Überlege, an welchen Stellen des Textes Leonie
  Ähnlichkeiten zu ihrem Leben entdecken konnte.

DORIT REXHAUSEN

„Häusliche Gewalt – Männergewalt gegen Frauen – Case-Management im Frauen- und Kinderschutzhaus Hannover"

Dorit Rexhausen M.A. ist Leiterin des Frauen- und Kinderschutzhauses Hannover. Sie berichtet über ihre Arbeit:

Häusliche Gewalt – dieser Begriff umfasst viele Facetten dessen, was sich hinter den verschlossenen Türen von Familien abspielen kann. Ich kann hier nicht auf jeden einzelnen Aspekt der häuslichen Gewalt eingehen – mein Thema ist die Gewalt, die von Männern gegen ihre Frauen, Lebenspartnerinnen und Kinder ausgeübt wird.

Jährlich finden ca. 40 000 Frauen mit und ohne Kinder in den über 320 deutschen Frauenhäusern Schutz. Für die meisten dieser Frauen ist das Frauenhaus die einzige Möglichkeit, Schutz zu erhalten vor der physischen und psychischen Gewalt, von der sie betroffen sind. Weiterhin tragen Frauenhäuser – allein durch ihre Existenz – seit 25 Jahren dazu bei, dass das Ausmaß der Gewalt gegen Frauen und Kinder überhaupt sichtbar gemacht wird, nachdem lange Zeit hier überhaupt kein Handlungsbedarf gesehen wurde.

Angebot und Nachfrage in den Frauenhäusern haben sich in den letzten zwanzig Jahren stark verändert. Stand zu Anfang – neben dem räumlichen Schutz – die schnelle Versorgung mit finanziellen Mitteln und Wohnraum im Zentrum der Beratungen, so sind

es inzwischen zunehmend die sozialpädagogischen
und psychologischen Hilfen, die gebraucht und in An-
spruch genommen werden.

Entschließt sich eine Frau, ins Frauenhaus zu gehen, so
bedeutet das für sie, dass sie – vorerst – alles verliert:
die Wohnung mit allem was dazu gehört, ihre Existenz-
grundlage, manchmal ihre Kinder. Ihr Selbstbewusst-
sein, ihr Selbstvertrauen, ihr ganzes Leben wird bis in
die Grundfesten erschüttert.

Sie sind Opfer geworden, sie haben häufig einen langen Leidensweg hinter sich und sie befinden sich am
Ende einer Gewaltspirale, an deren Anfang sie sich
kaum erinnern können. Sie sind Opfer geworden im
sogenannten „sozialen Nahraum", einem Ort, der hätte
geprägt sein sollen von gegenseitigem Vertrauen und
gegenseitiger Zuneigung.

Sie quälen sich mit Fragen:

• Wird er mich finden, bin ich sicher hier?
• Was tue ich meinen Kindern an, habe ich als Mutter
  versagt?
• Wie kann ich meine Kinder schützen?
• Wie kann ich mit meinen Kindern ohne Partner le-
  ben?
• Wovon soll ich jetzt den Lebensunterhalt bestrei-
  ten?
• Wem kann ich vertrauen? (...)

Für einige Frauen ist es nicht der erste Frauenhausauf-
enthalt, sie haben früher schon einmal diesen Schritt
gewagt, sind jedoch zurückgekehrt zum Partner, weil

sie auf seine Einsicht in sein Fehlverhalten und auf eine Veränderung hofften. Andere kommen zum ersten Mal, geplant und selbstständig, oder aus einer akuten Misshandlungssituation mit der Polizei. Bringen sie Kinder mit, so sind diese häufig sehr verstört, denn in den seltensten Fällen wissen sie, wo sie sind und warum sie hier sind. Auch die Kinder verlieren meistens ihr vertrautes Umfeld, in den Kindergarten können sie nicht mehr gehen, die Schule müssen sie unter Umständen wechseln, ihre Freunde dürfen sie nicht mehr sehen, statt eines eigenen Zimmers haben sie nun mit Mutter und Geschwistern einen einzigen Raum. Küche und Bad müssen sie mit anderen teilen.

Ein möglichst ausführliches Aufnahmegespräch soll Frauen und Kindern helfen, sich in ihrer neuen Situation ein wenig sicherer zu fühlen. (...)

Frauenhäuser können und wollen immer nur vorübergehend Schutz gewähren, nämlich in akuten Gefährdungs- und Notsituationen, dies entspricht unserem Selbstverständnis.

Arbeitsanregungen

- Beschreibe mit eigenen Worten, was ein Frauenhaus ist. Die folgenden Fragen können dir dabei
  helfen:

  Wer kann in ein Frauenhaus kommen?

  In welchen Situationen kann ein Frauenhaus wei-
  terhelfen?

  Wie kann die Hilfe eines Frauenhauses für die be-
  troffenen Menschen aussehen?

  Wie viele Frauenhäuser gibt es in Deutschland?

  Informiere dich im Internet genauer über das Frau-
  en- und Kinderschutzhaus Hannover:

  www.frauenschutzhaus-hannover.de.

  Erkundige dich, ob es auch in deiner Nähe Frauenhäuser gibt.

- Leonie und ihre Mutter haben auch für eine bestimmte Zeit in einem Frauenhaus gelebt. Was
  meinst du: Wie ging es Leonie in dieser Zeit? Beschreibe, wie sie sich im Frauenhaus gefühlt haben
  könnte. Beachte dabei besonders, wie sie sich Max
  gegenüber zu diesem Thema verhalten hat.

REGINA SCHWARZ
Wen du brauchst

Einen zum Küssen und Augenzubinden,
einen zum Lustige-Streiche-Erfinden.
Einen zum Regenbogen suchen gehen
Und einen zum Fest-auf-dem-Boden-Stehen.
Einen zum Brüllen, zum Leisesein einen,
einen zum Lachen und einen zum Weinen.
Auf jeden Fall einen, der dich mag,
heute und morgen und jeden Tag.

ARBEITSANREGUNGEN

– Regina Schwarz zählt in ihrem Gedicht auf, wen man
  alles braucht. Wen braucht Max am meisten? Wen
  braucht Leonie am meisten? Wen brauchst du?
– Schreibe in dem Stil von Regina Schwarz ein eigenes
  Gedicht: *Was ich brauche: Einen zum ..., einen zum ...*
  Übe es ausdrucksvoll vorzutragen.

Textquellen

Seite 116: Originaltext

Seite 120: Dietmar Bittrich: Das Gummibärchen Orakel, Goldmann 1998

Seite 123: Originaltext

Seite 123: http://www.wasistwas.de/sport-kultur/james-bond-jagt-dr-no.html

Seite 125: Originaltext

Seite 127: Rolf P. Prost: Vater ist die Arbeit los, Benziger Verlag, Köln 1986

Seite 131: Dorit Rexhausen: Häusliche Gewalt – Männergewalt gegen Frauen – Case-Management im Frauen- und Kinderschutzhaus Hannover, Niedersächsisches Ärzteblatt, Heft 12/2001, © Hannoversche Ärzte-Verlags-Union

Seite 135: Regina Schwarz: Wen du brauchst; aus: Hans-Joachim Gelberg (Hrsg.): Überall und neben dir. Gedichte für Kinder, © 1986, 1989 Beltz Verlag, Weinheim und Basel, Programm Beltz & Gelberg, Weinheim

Bildquellen

Cinetext Bild & Textarchiv GmbH, Wetzlar: 123. | Meißner-Johannknecht, Doris, Dortmund: 116. | Verlagsgruppe Random House GmbH, München: 120.

Wir arbeiten sehr sorgfältig daran, für alle verwendeten Abbildungen die Rechteinhaberinnen und Rechteinhaber zu ermitteln. Sollte uns dies im Einzelfall nicht vollständig gelungen sein, werden berechtigte Ansprüche selbstverständlich im Rahmen der üblichen Vereinbarungen abgegolten.